戦後日本経済と政策金融
—日本政策投資銀行を事例にして—

原田輝彦　著

関西大学出版部

【本書は関西大学研究成果出版補助金規程による刊行】

目　　次

I　はじめに

第二次世界大戦[1]終結後、日本経済は敗戦直後の混乱期[2]を経て、1955年以降1973年秋に勃発した第4次中東戦争に起因する第1次石油危機[3]まで約20年間続いた高度経済成長期[4]まで、"（当時の西ドイツと共に）世界の奇跡"と言われる急速かつ明治維新以降、敗戦までの約80年間を通じて、営々と築き上げてきた産業構造全体を転換する大きな変化を経験した。その後、1970年代半ば以降は原油に代表されるエネルギー価格、人件費、物件費等を主因とする企業収益低迷等が続き、高度経済成長期に見られた質・量共に右肩上がりで経済厚生の全体的向上が計測される時代は過ぎ去った。景気循環の波[5]と共に、国際政治・経済の大きな変動[6]等に起因するグローバリゼーション[7]が20世紀第4四半期以降、21世紀最初の20年代に入った今日までの間に戦後75年目を迎えたわが国の経済構造は、1980年代半ば頃から1990年代当初に掛けて東京・大阪・名古屋等三大都市圏から始まった所謂「バブル経済[8]」が中小地方都市、人口過疎地域を含む日本全土を舞台に、生成・発展・崩壊過程を経て今日にまで至っている。実体経済と金融経済との関係は合わせ鏡の関係にある。従って、この間の事情全てについて整合的かつ各産業別・個別企業経営にまで降りて説明することは、文字通り汗牛充棟、膨大な先行研究業績全てを網羅しなければ到底できない相談である、と筆者には思われる。

　そこで、筆者は本書『戦後日本経済と政策金融―日本政策投資銀行を事例にして―』で論じられる全額政府出資公的金融機関のひとつである日本政策投資銀行（旧日本開発銀行と北海道東北開発公庫が統合して1999年10月1日設立）が復興金融金庫[9]創設以降、日本開発銀行時代を通してこの間に起こった①日本の実体経済が変貌する様相と共に、②金融経済の立場から、銀行が密接不可分に深く関与してきた記録等を基にした分析を試みんとするものである。私事に及ぶ事柄であり、ここで政府の銀行員から大学教授に転職した事情を述べることを恐縮している。しかしながら、銀行の実務世界で文字通り実体経済と金融経済とが火花を散らして切り結ぶ中で得た知見が、現在従事している社会科学研究・教育事業を進める基礎となっている。これな

くして今の自分はない。筆者は関西大学からの割愛依頼に応じて本学教授就任までの30年近くの間、日本政策投資銀行に職を奉じてきた。自らが政策金融機関投融資現場で職務として従事してきた実務経験等を想起しながら、日本政策投資銀行が発足後4年目にあたった2002年。世に問うた最後の正式『年史』（『日本開発銀行史』）のほか、関西大学総合図書館、経商・法資料室等所蔵各種文献・資料等も渉猟しながら、嘗て日本の金融経済 System システムを担う一員という立場から、実体経済に深く関与してきた公的金融がその時代・時代に特有の経済環境に適合する組織行動を行ってきたことを述べる。

　2000年代初頭、小泉首相・竹中大臣が "官業から民業へ"[10] を声高に唱えながら、国民が預入する郵便貯金・厚生年金保険料等、金利を付けて返済義務を有する公金を原資とする財政投融資制度の入り口にあたる郵便貯金の民営化（2007年10月）が行われたこと。その1年後、2008年10月には、同じく出口にあたる日本政策投資銀行はじめ、政府金融機関全体の組織形態変更[11] 等が大胆に実行されてきたことは、私自身の記憶に今なお生々しく残っている。詳細は「Ⅲ　日本経済概観」以下本書全体を通して論じるものの、管見ではマクロ経済環境変化に適合する日本の経済構造変化に対応し、①マネーを供給する日本の金融 System に "Cow Bell 効果"[12] 概念等を用いて、この間説明されてきた日本開発銀行に代表される嘗ての公的金融が主体となり、「（経常黒字を基調とする外貨準備等を含めて、日本国内に潤沢な資金が存在している現状とは異なり）量的には限られた金融資源を時々の国策に合わせて選択的に各種事業セクターに配分する投融資行動をしていた」時代から、日本経済の質的向上・量的拡大と平仄を合わせるように、②資金力をつけてきた民間金融機関が取引先に対し実施する資金供給・事業活動指導[13]等を通して、金利を付けて返済義務を有する公金を原資とする財政投融資制度に過度に依存することなく、民間資金が金融・資本市場等各種の市場を舞台として、マネーが大規模かつ適時・的確に遣り取りされる舞台に、国際市場とも連携しつつ、迅速・広範に行うことが可能になった結果である。すな

わち、敗戦後約50年以上に及ぶ長い歳月を閲して2000年代初頭、③政治が選挙を通して直接民意を問い、その結果に従った経済行動が政府主導で実行された、と筆者は認識している。筆者自身の当時の記憶によるならば、「時代遅れになった公的金融が日本経済の成長を妨げており、公的金融に内在する非効率・不透明性自体が諸悪の根源である。」とする民営化推進論が声高に唱えられた風潮を背景とする中で〈事実認識〉が行われ、このような認識が社会全体で広く共有されるようになった、ということである。このような文脈で、この著書の中では今日にあっては、民間金融に代替される部分が遥かに多くなってきた公的金融が嘗て担ってきた機能と変容過程等を俯瞰することを意図している。

　数多の類書が既に存在する中で、本書は内部統計資料等対外公表済である各種史料を用いて、（1）今日では基本的に民間金融が公的金融に対して優位を占める状況が如何にして、また何故形成されてきたのか。（2）歴史事実としても政策金融は民間金融を補完・奨励する分野が確かに存在してきたし、コロナ禍[14]の中で日本経済が危急存亡の危機に直面している現在も存在していること等を述べる。それらは、自由主義経済を基調とする日本経済が要請するところである[15]。更に、（3）政策金融が①民間金融を補完・奨励する分野・事業、②経済社会の流動する生々しい現実の中で、今後とも政策金融が果たすべき役割が存在するとしたら―筆者は存在する、と考えている―その役割は奈辺にあるのか。

　これらの論題を公的金融機関が第二次世界大戦後、日本経済の時代・時代に自ら展開した事業活動を体系的・縦横無尽に整理・記述した第一次資料としての『日本開発銀行史』（2002年）は、好個の基本書に位置付けられる（総頁数でも985ページある）。標記問題意識を本学総合図書館、経商・法資料室等が所蔵する各種文献・資料も渉猟しながら、日本の金融制度上、大きな影響力を発揮してきた公的金融のあり方を俯瞰する新たな著作として本書を執筆する。旧日本開発銀行・旧北海道東北開発公庫両政策金融機関に関する本書に類する冊子体年史文献資料は、幾つか存在しているものの、筆者が

調べたところによると、発足後20年を経た日本政策投資銀行がそれ以降体系的に著した直近当該（2002年）刊行物に匹敵する『年史』は、どうやら見当たらない模様である[16]。また、金融を巡る新たな論攷について、2021年度にも出版が内定していることもあり、＞（３）政策金融が①民間金融を補完・奨励する分野・事業、②経済社会の流動する生々しい現実の中で、今後とも政策金融が果たすべき役割が存在するとしたら―筆者は存在する、と考えている―その役割は奈辺にあるのか。このような論点等については、紙幅の都合もあり、筆者が現時点で認識している内容の概要を提示するに留め、次著で補完することを予め申し上げる。御海容頂きたくお願いしたい。

以上

注 ─────────────────────────

1）　1939年９月１日、欧州域内戦争勃発により開始され（欧州域内での終戦は1945年５月８日）、更に日本が1941年12月８日、ハワイ真珠湾軍港の奇襲攻撃により日本とアメリカ開戦と同時に、東南アジア・太平洋軍域ではイギリス・オランダ等の連合国との間で日本が戦争状態に入った（アジア・太平洋域内での終戦は1945年８月）。延べ６年３ヵ月間に互り文字通り全世界を巻き込んだ第二次世界大戦は、2020年半ば現在にまで至る戦後75年間の国際関係について、政治・経済、文化、法秩序等を規律する新秩序を形成する原動力となった。
　　　両地域の戦況を要すれば、以下の通り。
Ａ　【欧州戦域】
a. ヒトラー総統を頂くナチス―正式名称は国民社会主義ドイツ労働者党／NSDAP:Natinal Sozialsche Deutsche Arbeiter Partei―は蔑称である。が隣国ポーランドを無警告で陸・海・空から突如全面攻撃。同盟関係にあったイギリス・フランスは直ぐにドイツに対する宣戦布告を行い、1918年11月休戦を以て終了した第一次世界大戦（1914年７月28日〜1918年11月11日。なお、戦争途中の1917年11月に共産革命によりロマノフ王朝が打倒されたロシアは、連合国から単独で離脱してドイツと講和条約を締結した。）と第二次世界大戦までの"戦間期"は僅々20年強で、平和な欧州は短かった。
b. ポーランドは圧倒的に優勢なドイツ軍によって僅か３週間で撃破され、その後ドイツ軍は電撃戦／Britz Krieg を展開した。デンマーク・ノルウェイ・フィンランドの北欧３ヵ国は1940年４月〜６月にかけてそれぞれ降伏し、ベルギー・オランダ・ルクセンブルクからなるベネルクス３国は同年５月に破れた。普仏戦争（1870年〜1871年）、第一次世界大戦と19世紀半ば以来、度々干戈を交えてきた不倶戴天の

仇・フランスを破った（同年6月に降伏）ドイツは、日独伊三国軍事同盟に（1936年9月成立）により。欧州域内枢軸国となったファシスト国家であるムッソリーニ率いるイタリアと共に、欧州大陸域内地域に於ける新秩序を短時日の間に樹立した。この間、ドイツは帝政ロシア後継国家であるソ連との間に、1939年8月に不可侵条約を締結していたこともあって、c. で述べる1941年6月22日、またしても国際間の決め事である条約を破り。突如ソ連に対する全面攻撃開始時点までドイツが中心となり、怒涛の勢いで構築した欧州全域に亘る新秩序は、40km弱の海峡を隔てた島国であるイギリスただ一国だけが僅かに抵抗を示している状態であった（永世中立国スイス、中立国スペイン・ポルトガル等を除く）。

c. 破竹の勢いで、イギリスを除き欧州の略々全土を占領したドイツも、ソ連の首都・モスクワ近郊約30kmまで侵攻したものの、折から訪れた冬将軍による突入困難（1812年、ナポレオンが空しく撤退した故事と同じ）と1943年1月末にスターリングラードに於ける半年以上にも及ぶ激烈な攻防戦を経て、遂に残存兵力総員約9万人がソ連軍に降伏したことで、攻守は逆転した、爾後、東部戦線は1945年4月30日、総統ヒトラー自殺を以てソ連軍がドイツの首都ベルリンを制圧したことで最終決着した。1944年6月6日、ノルマンディー上陸作戦成功により形成された西部戦線についても、英米両軍を主体とする連合国軍が次々にこの大戦劈頭以来、占領された西欧諸国を解放して1945年4月にはドイツ東部エルベ河畔でソ連軍部隊と会同する等、ドイツ第三帝国の命運が尽きることになった。

B 【アジア太平洋戦域】

a. アジアにおける帝国主義戦争である日清（1894年～1895年）・日露（1904年～1905年）両戦役と、欧州の第一次世界大戦に勝利した日本は、他ならぬアジア人が最初にアジア域内に植民地化した台湾領有（1895年）後、南樺太（1905年）、朝鮮併合（1910年8月）後、旧ドイツ帝国植民地のミクロネシア（1920年）等の海外領土獲得過程で、世界五大強国の一角を占めるようになった。このような流れを経て、中国本土及満州に資本投下を行って1917年11月、ロシア革命後に成立したソ連を除き、独自の強大な軍事力を背景に経済的利害関係を新たに構築した日本は、広大なこれらの地域に対するして（特殊）権益を有することを主張するようになった。

　b. 新興帝国主義国家の仲間入りを果たした日本によるこのような動きは、東アジア地域に於ける“機会均等・門戸開放”を主張するアメリカは固より、前世紀半ばアヘン戦争（1840年～1842年）勝利後、清朝（1616年～1912年）の弱体振りがイギリスによって暴露された結果、帝政ロシア・フランス・ドイツ等欧米列強諸国が有する国益と次第に激しく衝突するに至った。1931年9月18日、奉天郊外柳条湖で南満州鉄道線路が現地駐屯関東軍謀略により爆破され、南満州で開始された日中両軍の武力衝突（満州事変）は、翌1932年には上海にまで飛び火した。日本軍部が清朝廃帝溥儀を担ぎ出し1932年3月に成立させた（偽）満州国は帝政に移行（1934年3月）する等、東北アジア全体に於ける国際秩序は、リットン調査団は標記満鉄線路爆破が日本の作為であることを明らかにする等、風雲急を告げる事態に陥った。

c. アメリカを中心とする既存帝国主義各国は、このような日本による強引な東亜新秩序体制（1938年11月、首相近衛文麿）形成の策動を到底容認せず、満州事変以後、更なる軍事衝突も已む無しとする日本に対する中国世論が日本を刺激し、遂に1937年7月7日。北京郊外での偶発的軍事衝突は、宣戦布告が無いままに両国の全面的な軍事衝突（日華事変）に繋がる。以後、「泥沼の戦い」と称された日中戦争

は、1941年12月 8 日、本注冒頭にある真珠湾軍港奇襲攻撃で始まった太平洋戦争（大東亜戦争は日本側の名称。近時は戦場となった全地域を含めて、アジア太平洋戦争という学術用語も使用されるようになっている。戦時中、日本軍部・政府が使用した大東亜戦争という名称は「日本が東亜植民地支配100年の欧米列強から、東南アジア・東アジアを解放する戦役」と日本が自称する自らの軍事行動を美化するイデオロギーを過度に強調する用語であるので、使用しない）は、緒戦の大勝利は続いたものの、懸絶した日米両国工業生産力等国力の相違等もあり、翌1942年 6 月 5 日。ミッドウェー海戦の結果、戦局逆転後、日本は無条件降伏に至る、という後世では誰もが知悉している15年戦争（1931年〜1945年）が継続することになった。

2 ）　空襲被害（1944年秋以降本格化）等により、1945年時点鉱工業生産は戦前（1935年時点）対比約30％程度にまで落ち込んだ。詳細、本文をお読み取り頂きたい。

3 ）　1960年代初め頃を境に、エネルギー並びに工業原料等の素材として18世紀後半、イギリスで始まった産業革命期以来主要の地位を占めていた石炭に替わって石油が重要な地位を占めるようになった。石炭同様に炭化水素化合物である石油は、（ⅰ）その物理的性状は液体であって、一旦燃焼してしまえば気体となり、消滅し後処理が楽であること、（ⅱ）1950年代以降、アラビア半島を中心とする新興油田開発が進み、賦存量（可採埋蔵量）・経済的採掘量が膨大であり、現実的にも供給量が需要量を上回るため、経済採算が有利であること等の諸局面で石炭に較べ有利であるようになった、また、同じく第 2 次世界大戦期を境に、プラスチック製品は言うまでもなく、粗製ガソリンであるナフサを粗原料とする石油化学工業が飛躍的に発展したこと等を背景として、以下に述べる石炭の欠点が目立つようになった。すなわち、（ⅰ）石炭は固体であり、保管・貯蔵に広い空間が必要であること、（ⅱ）燃焼後も、石炭は燃え殻が残存し、廃棄物処理費用を要すること、（ⅲ）炭種によるものの、＠原単位ベース燃焼カロリーにもばらつきがあり、各種の事業採算上、必ずしも新興石油に較べると有利であるとは言い難いこと、（ⅳ）この時期、石油化学工業技術の長足の進歩に比較すると、石炭工業の技術的停滞が目立つようになっていた。

4 ）　経済企画庁（現内閣府）https://www5.cao.go.jp/keizai3/keizaiwp/wp-je56/wp-je56-0000i1.html

　1956（昭和31）年版『経済白書』の中で書かれた“もはや戦後ではない。”という文言は、敗戦以来10年を経た日本経済が復興期を終え、高度経済成長時代（1955年〜1973年）と呼ばれる国民所得の急速な拡大が続いた。

　ibid.「…戦後復興の成果に照し合せてみるならば、徒らなる悲観も無用である。われわれは、日本国民の勤勉な努力に自信を持って、日本経済の内に秘められた力を抽出することに万全の施策をはからなければならない。勤労者農民の意慾と、企業者の創意とを政策よろしきを得て振起することが出来るならば、日本経済の前途にバラ色の道をひらくことが必ずしも不可能でないことは、戦後10年の成果がそれを証明しているではないかと思う。」

　on 昭和31年 7 月17日、by 高碕達之助（経済企画庁長官）

5 ）　市場経済の本質は、文字通り「各種財（＝資本財、消費財、公共財等）、サービス／役務等の経済社会で価値を有する有形・無形の事物が交換、売買が行われる場」である“市場／market”を舞台にして営まれている経済活動それ自体に還元される。具体的に述べれば、価格理論で説明される右肩上がりの供給曲線と右肩下がりの需要曲線が交わる所で理論的には自由取引が成立し、任意の具体的財の交換取引

I　はじめに

（通常は貨幣と商品交換を意味する売買取引）を以て需要 vs. 供給が均衡する。これら多数かつ不特定多数者（社・国家）間に成立する経済社会全体ベースのマクロ経済レベルで考察すると、膨大かつビビッドな個別売買取引（民法・商法上は、所有権移転成立を以て取引が完了することが通例）総体を主として（i）貨幣価額、（ii）取扱数量（重量）、（iii）輸出・輸入、（iv）移出・移入、（v）旅客流動量、（vi）民間資本取引、（vii）公的資本形成、（viii）毎月勤労所得、（ix）失業率、（x）マネーサプライ等々の各種経済計数によって記述される。景気は一般にこれらの動き・状態を指す言葉であり、市場を通じて行われる経済行為である以上、（i）～（x）等各種計数はマクロ経済全体の動きを反映しながら、海岸に寄せては引く波のように一定周期を以て繰り返し、繰り返し観察されることになる。標記経済の動きを（↗）（→）（↘）を〈上昇・均衡・下降〉からなる傾向を、曲線的に表現することが景気循環である。キチン循環、クズネッツ循環、コンドラチェフ循環、ジュグラー循環等、マクロ経済変動を在庫［投資］変動等短期～中期～長期～超長期に亘る景気循環として説明される。多くは当該景気変動状況＝景気循環を a. 生産技術変化、b. 新商品開発、c. 新市場開拓等を原因として発見した経済学者・統計学者らの名前を付けて呼ばれている。

6）　1989年12月、地中海マルタ島沖に停泊する艦船上で、（父）ブッシュ・アメリカ大統領とゴルバチョフ・ソ連共産党書記長による冷戦終結合意を以て、遅くとも1946年頃には始まっていた資本主義西側陣営と社会主義東側陣営間で繰り広げられてきた冷戦体制に終止符が打たれた。1980年代前半以来、ソ連は政治・経済体制が行き詰まりを見せたことから、最後のソ連共産党書記長になったゴルバチョフがペレストロイカ（刷新）、グラスノスチ（情報公開）というスローガンに示されるソ連成立後、社会のエリート階級を独占した共産党官僚（ノーメンクラーツ）が自らの特権を維持することを主目的とした秘密主義打破を行い、社会構造が大きく変貌することを齎した。20世紀末を迎えたこの時期、1945年第二次世界大戦後、新たに形成された国際政治秩序に最も大きな変化を引き起こす原因となったのは、冷戦終結とそれに伴う旧社会主義圏が雪崩を打って資本主義圏≒市場経済圏へ移行したことで、経済秩序も前注5. 景気循環発生原因となる自由経済取引が極く一部（キューバ、北朝鮮等）を除き、全ての諸国で機能する世界標準となったことが指摘できる。

7）　原田輝彦［2017］［2020］

8）　株式、土地等資産価格がマクロ経済の実態 /Fundamental Economy から理論的に考えると、説明困難である規模で大幅かつ長期間に亘り継続して上昇する現象を水の泡 /Bubble に擬えて呼ばれる経済現象。日本では1985年秋、アメリカが双子の赤字 / 財政赤字＋貿易赤字から脱却することを目的として、当時のＧ5（日・米・英・西独・仏）諸国中央銀行総裁・財務大臣（当時の日本は大蔵大臣）を在 New York City/ プラザホテルを会場に集合させて、アメリカ自国通貨であるドル安・各国通貨高を誘導したことに端を発する（プラザ合意）。1985年9月、Ｇ5会議開催直前アメリカドル対日本円外国為替相場は、240円 / ドル～250円 / ドル前後で推移していたものの、プラザ合意後には円を含む会議参加国通貨（英ポンド、西独マルク、仏フラン）は、対アメリカドル外国為替相場で急激に上昇し、1年後には160円 / ドル程度に達した。プラザ合意以前の日本経済は敗戦後、①経済復興時～高度経済成長期～②2度に亘る石油危機～③低位ながらも右肩上がりの安定成長期を通して、輸出主導貿易黒字稼得を基調とするものであった。戦争末期～敗戦直後にかけ

ては、米軍（B29戦略空軍爆撃隊）による五大主要都市（東京・横浜・名古屋・大阪・神戸）だけでなく、本州・九州・四国全体をマリアナ諸島に所在する飛行場を発着後、無着陸往復可能とした本州以南日本内地を爆撃圏に収めた（1944年7月。1945年1月以降、無条件降伏による日本の敗戦前日まで）後は、軍事施設を目標とする精密爆撃から、周辺住宅等を含む無差別爆撃に切り替えた。この間、地方に於いても県庁所在地は言うに及ばず、中小市町村郡部等人口・大中小圏域を問わず、手当たり次第に焼夷弾・爆弾等を投下するだけではなく、P51・グラマン・ヘルキャット等空母艦載戦闘機による列車・駅舎、学校・病院、内航船・漁船等にまで至る国民生活に必要不可欠であるあらゆるものを狙った機銃掃射が日常茶飯事となり、日本の工業施設は根こそぎ略々完全に破壊し尽くされた。この結果を受けて、日本の工業は敗戦直後〜朝鮮特需（1950年〜1953年）までに至る戦争被害からの復興が一段落するまでの全過程を通じて、繊維・玩具等を主要輸出製品とする労働集約的軽工業をメインとする事業展開を続けることになる（付加価値率は必ずしも高くはない。更なる資本の原始的蓄積が必要である重化学工業を主体とする日本の工業全般に及ぶ高付加価値化は、1955年以降に本格化することになる）。

　高度経済成長が始まった昭和30年代以降は、造船・機械、石油化学、輸送用機器（二輪車・四輪車等）、電気・電子、紙パルプ、窯業（セメント、板ガラス）等の資本集約型重化学工業が本書全体を通じて論じられる日本開発銀行、日本輸出入銀行等によって産業界に投じられた巨額政府資金を呼び水に、3つの長期信用銀行・都市銀行等を中心とする民間資金が供給されることになる。太平洋ベルト地帯に立地する新産業都市地域に、標記巨額政府資金・民間資金を集中投下された最新鋭石油コンビナート設備、文字通り"鉄は国家なり"を具現する臨海巨大製鉄所等には、自由貿易体制の下で、外航船による海上貿易を通じて原油・天然ガス等エネルギー資源、鉄鉱石・ボーキサイト等日本国内では採掘されない重要原料・資源がバルク専用貨物船、大型油槽船等原単位ベースでは安価・大量に輸入される。これら生産設備を用いて加工され、高付加価値化した製品輸出により稼得される貿易黒字が昭和元禄（＝天下太平あるいは奢侈安逸の時代を意味する1964年、東京オリンピック前後に当時の大蔵大臣福田赳夫が提唱）に象徴される日本経済絶頂期前夜に至る時代風潮を形作った。加工貿易／輸入した原材料を自国内で製品に加工して輸出する貿易形態を言う。日本のように天然資源に恵まれない国に於いては、産業＝工業を興し、外国に賦存しているこれら各種資源と自国での販売・消費のみならず、輸出を通じて外国市場を経済的に活用する加工貿易が国家の成立、維持・発展と不可分に結び付くことが広く知られている。明治維新以降、新政府3大スローガンとなった①文明開化、②富国強兵、③殖産興業に集約される産業政策を具体的に実行する基本的思想を形成した。プラザ合意後、日本円が世界基軸通貨であるアメリカドルに対し、僅々1〜2年の裡に円高・ドル安の結果、日本円が概ね2倍以上の価値を有するに至ったことから、加工貿易・円安による貿易黒字の計上により蓄積されてきた日本円を源泉とする外貨準備の累増は、爾後その使用方法を転換せざるを得なくなった。具体的には、結果として日本円の外国に於ける使用価値が概ね2倍以上にまで上昇したことを通じて、輸出市場が展開されている外国を単なる製品市場としてだけ認識するのではなく、①現地生産・現地販売する事業戦略が当時日本を代表する事業会社各社に於いて選択されるようになったこと（＝ドルベース通貨価値で比較計算すると、同一製品日本国内立地事業内生産戦略が当該同一製品の採算上

では不利となる）、と共に②加工貿易→海外直接投資による資本環流が中長期的な視点に照らすならば、現金ベース投下資金の経済合理性に適っていること等が挙げられる。1985年秋以降、既に四半世紀余が経過する今日では、日本の経常収支（貿易収支＋外国／日系現地事業法人等発の対日送金収支等）内訳は、従前の加工貿易に由来する黒字計上が減少しており、海外投資による収益等から構成される第1次所得収支が占める実額・構成比が増加していることが知られる。

9）　1947年、設立された政府機関。復興金融金庫は1951年日本開発銀行→日本政策投資銀行（1999年、北海道東北開発公庫と統合して現在に至る）に連なる。敗戦後、経済再建と復興を目的とする傾斜生産方式／1946年、日本政府は戦後経済再建を早期に遂げることを目的に重点産業復興政策を立案した。石炭・鉄鋼・海運・肥料等を対象とする「超重点的増産計画」を決定した。計画実行に際しては、戦災による物理的破壊と共に、戦後急速に進行した悪性インフレの結果、国内企業セクター全体が旧円ベース払込済み資本勘定が無価値となり、毀損したため、標記傾斜生産方式が適用可能である国内企業セクターに属する個別企業対象に長期資金供給機能を担った。貸付原資として、復興金融金庫債券（＝復金債）を発行したものの、日本銀行が全額引受した結果、日銀券残高が激増して更に一層深刻なインフレを惹起した（復金インフレ）。1948年、（ⅰ）経費節約・均衡予算、（ⅱ）徴税強化、（ⅲ）賃金安定、（ⅳ）物価統制等を内容とする経済安定9原則が連合国軍総司令部から指令された。更に翌1949年、来日したアメリカ・デトロイト銀行頭取ドッジがアメリカ政府特別公使として来日して、①赤字予算を許さない均衡予算を実施、②アメリカドル＝360円の固定外国為替制度実施、③復金解散等を要求し、敗戦直後に日本経済復興の先鞭をつけた復興金融金庫は日本開発銀行に継承された（開銀設立：1951年4月20日。廃止：1999年9月30日）。

10）　経済政策に「絶対正しい理論」は存在しない。1929年10月、“暗黒の木曜日”を契機に始まったアメリカ大不況を乗り切るために、有効需要創出による景気刺激政策を主張するケインズ経済学が有効に働いたことは衆目が一致するところである。しかしながら、その後、訪れる景気循環の波の中でケインズに帰着される「大きな政府」は忌避される。

　　フリードマンが体系化したマネタリズム経済学に脚光が当てられ、アメリカの経済政策現場でマネタリズム実際に用いられたことも留意すべきである（＝「小さな政府」）。

　　翻って日本の現実を見ても、時々刻々変貌して行くマクロ経済動向に、適時的確な経済政策が取られた、と手放しで礼賛される事例は少ない。直近事例として、本文の中で著者が挙げた2000年代初頭に実施された新自由主義的経済（金融・財政）政策についても、それぞれの論者が依拠する理論根拠、乃至は価値観・価値判断等に即してそれぞれの論者が拠って立つスタンス次第で甲論乙駁の激論が繰り広げられた。つまり、必ずしも万人が納得した判断が為された上で、政府信用（＝政府組織そのものである郵政省）を背景に明治初年（1875年）以来、120年間以上営々として運営されてきた官業の郵便貯金制度が〈郵政解散〉の名の下で、衆議院総選挙の結果示された「民意」を尊重して民営化された事実に関する価値評価が現時点で定まっている、とは必ずしも言い難いことは上述の通りである。この他〈郵政解散〉の消極的意義を改めて世に問うこととなった昨年度白日の下に曝されたかんぽ生命事件もある。この事件は、①監督官庁・総務次官から、日本郵政上級副社長に天下

りした人間に、役人時代（総務省）に上下関係にあった前総務次官が利益相反行為をして、更迭されたこと。②肝心の郵便局簡保営業現場でも、違法・不適切な保険商品販売と解約が日常的・組織的に行われていたことが発覚したため、監督官庁の金融庁から営業停止処分を受けた事例等が指摘される。

　これら不祥事を通して言えることは、政府機関として郵便貯金・簡易保険料を上述政府信用≒事実上の政府保証に基づき財政投融資制度を支える〈入り口として〉国民が預託する零細資金を集めてきた伝統ある（ⅰ）郵便貯金民営化完了（2007年10月1日）があり、（ⅱ）その1年後2008年10月1日には、旧．政府関係機関財政投融資制度の〈出口として〉2銀行（日本政策投資銀行、国際協力銀行）・2公庫（日本政策金融公庫、沖縄振興開発金融公庫）株式会社化を以て新自由主義的経済（金融・財政）政策は一応の完了を見た。しかしながら、株式上場は現時点に於いても依然として未済である。

　私が実際に体験した事案のうち、記憶に新しい時期に限り、以下幾つかの状況を説明する。

【記憶に新しい幾つかの状況について：例示列挙】

a. 1997年〜1998年にかけて日本発1927年以来70年振りの金融恐慌勃発寸前にまで追い込まれた深刻極まりない金融危機が起こり、b. 2000年代に入ってからは概ね2005年頃まで掛かった民間金融機関不良債権処理に伴う社会的摩擦がある。これは、民間金融機関B/S計上資産である貸金が不良債権化（＝劣化した）場合、監督官庁の金融庁による銀行検査と日銀考査時に提出義務を負う（ⅰ）資産査定資料と（ⅱ）内部格付資料等が結果として、銀行B/Sに当該見合不良債権償却引当金を積む所作に起因するものである。BIS／国際決済銀行：Bank for Inter National Settlements 規制ルールに拠り、銀行は国際取引許可を得るためには自己資本比率8％以上、国内取引専業許可を得るためには同上4％以上自己資本比率を維持しなければならない。分子が自己資本、分母が総資産である。

　ミクロ経済社会現場で business を展開している銀行取引先は、マクロ経済変動による景気循環に強い影響を受ける。利払いも元本償還も当初約定通り、正確に実行できる裡（うち）は当該債権は資産査定上も正常先であって、BIS当局から受ける銀行全体を対象とする自己資本比率査定上も、大きな取り扱い変動を受けることはない。しかしながら、マクロ経済変動事態の変動や個別ミクロ経済社会現場での不利益を受けて、延滞・条件変更等与信銀行側にとって貸金回収の確実性に関する懸念が発生すると、債務者は正常先→要注意先→破綻懸念先→破綻先の順に債務者区分が下方に遷移されることになる。銀行自身も経済のプロであるから、個別与信先の近未来債務償還能力確度に関しては、マクロ経済・ミクロ経済両面から定期的 Review を実施して内部格付を行い、与信費用計上の要・不要、並びに要と判断された場合には、標記債務者区分に見合った不良債権償却引当金を積む所作が取られる。この場合、銀行内部で資産査定を直接担当している部署は、自行全体の期末時点自己資本比率の落ち着きどころを意識しつつ、債権管理部店と協議しながら、該取引先の期中与信状況をフォローする。不幸にも、当該個別取引先与信状態に改善が見込まれず、債権回収が（程度の差はあるものの）困難と思料される事態に陥れば、債権管理に重点を置いた仕振りへと切り替わる。BIS基準維持のため、期末時点では必ず全ての取引先・全ての貸付債権毎に悉皆計算が行われ、銀行全体ベースでB/S予想見込数字が算出される。このように、金融庁編『金融検査マニュアル』に基づいた

現実の不良債権処理を巡る事例を念頭に置きつつ、b. 2000年代入り後、概ね2005年頃まで続いた民間金融機関不良債権処理について詳述する。

　この時期（2000年代に入ってから概ね2005年頃まで）巷間騒がれていた貸し渋り・貸し剥がしが頻繁に世上に現れた理由は、銀行側のこのような内部事情に基づく。すなわち、所定自己資本比率達成上、問題があると認められた場合、銀行は、信用状況が劣化した各個別取引先をマクロ経済・ミクロ経済両面から判断して条件変更（最終償還期間変更、元本・利息等内入額当初約定からの変更等）を行い、当該該取引先に対する金融支援実施を判断するか、或いは荒療治にはなるものの、この際一挙に資金回収を行い、分母にあたる資産合計額から当該債権額を控除するか（＝償却するか）否か等に関する判断を銀行として決定することになる。B/S 上、このように債務者息の根を止める行為は、当期 P/L 上は与信費用として、それまでに銀行が組織全体として引き当ててきた貸倒引当金から該当額を繰り戻して経理処理される。これらの判断は与信者である銀行が経済社会全体に対する自行の影響力と、当該償却対象取引先破綻処理の必然性等を総合的に判断して決裁されることになる。分子である不良債権を生かしたまま気長に処理して行くメリット・デメリットと、貸し渋り・貸し剥がしにより、取引先にとって死活的に重要な事業資金（＝運転資金、設備資金等）を強制的に分母である資産額から控除することの方が BIS 規制を守らなければ金融事業が営めなくなる銀行経営の手枷・足枷であることを考えれば、自己資本比率向上に直結する上では遙かに簡単な荒療治である。

　法律的に考えると、貸し渋り・貸し剥がしは、共に必ず資金交付に先立って債権者 vs. 債務者間（第三者担保提供等物上保証人がある場合は当人《当社》を含めて）で締結される銀行の一方的な都合により、期限の利益を放棄させる民法上の特約付貸付時標準金銭消費貸借契約証書事前認諾条項（＝与信先／債務者の信用状況に変化が生じたと与信者／債権者が認めた場合には、銀行の判断を異議を留めること無く債務者は認めて貸金全額を返済する内容）を実行することにより、与信先＝債務者が営む経済活動を断念させる（＝破産、競売申立等）ことになる。人情に於いては、銀行の行為は非難の余地もあろうが、民間銀行の場合は特に貸金原資が個別預金者の金融資産を集合的に銀行が金融事業として資金交付していることを考えるならば、経済合理性と同時に個別預金者を保護する観点から、当然と言わざるを得ない。著者自身が銀行員時代に経験した意思決定プロセスを一般化して、当該行為を考え合わせると、金融支援と貸し渋り・貸し剥がしのどちらが銀行にとってメリット・デメリットになるかを比較考量して行われる。

c. 大学教員転職後は、新聞・雑誌、インターネット、学術研究を通して2008年〜2010年に掛けて日本中で解雇・リストラによる失業者向け炊き出しや、working poor 対応が国民の耳目を欹てたリーマンショック時と、d. 2011年3月11日、マグニチュード9.0と歴史上経験したことがない震度に突如見舞われた東日本大震災と間もなく押し寄せた津波による全電源喪失の結果、原子炉建屋が水素爆発を起こして深刻な放射能汚染が福島県を中心に拡大した東京電力福島第一原子力発電所事故後、東北復興ファンドを日本政策投資銀行が民間金融機関と共に立ち上げ復興に注力した事例がある。直近では e. 2019年末〜2020年前半に隣国・中国を原初発生源に蔓延が始まり、現在も進行中で、帰趨が全然読めないコロナ禍に起因する日本全体規模の深刻な経済危機に対する日本政策投資銀行の危機対応融資、及び資本注入が挙げられる。

　以上のように嘗ては有益・有用であった時期もあったものの、「民間金融機関であれば市場経済原理下で、優勝劣敗・弱肉強食・適者生存原理が貫徹する厳しい事業環境に適応しながら、自己変革を遂げてきた。然るに、全額政府出資により一旦設立されたら最後、金融事情、そして顧客となる事業会社を取り巻くマクロ・ミクロ経済状況等が大きく変わったとしても、（日本政策投資銀行を含む）公的金融機関は、惰性に流された不効率 かつ市場原理とは相容れない経営を十年一日の如く続けて恥じるところが見られない。従って、政府金融機関を例外なく民営化することこそが日本の金融を効率化し、あるべき市場原理に従った効率的金融 System を構築することに繋がる」とする “官業から民業へ” を旗印に、劇場政治とも揶揄される〈民意〉に支えられた官邸 Top down による金融制度改革が行われた。この判断が正しかったか否かを判定するためには、未だ十分な時間が経過していない。更に、様々な切り口から得られるであろう実証経験知は、現時点では残念ながら、得られていない。何れにしても、世上で語られるように「経済は生き物であり、求められる将にその時期で適時・的確な処方箋を書くことは困難である。歴史的な時間軸に立脚した、社会科学の各専門領域・分野全般を相互に関連させた複合的視点と固有の方法論を用いながら、試行錯誤を重ねることを通じることによってしか、最適解は得られない。」と筆者は考える。実験を通し、ある特定の条件下では、前提となる事実と獲得された結果が統計的にも有意な結論として、因果関係を持ち演繹可能である自然科学上の真理が理論的にも実証・発見できる万人を納得させることができる学問とは異なる。

11)　以下、2銀行・2公庫の各 Home Page 該当 URL 等が参考となる。
　　日本政策投資銀行　　　　https://www.dbj.jp
　　国際協力銀行　　　　　　https://www.jbic.go.jp
　　日本政策金融公庫　　　　https://www.jfc.go.jp
　　沖縄振興開発金融公庫　　https://www.okinawakouko.go.jp

12)　文字通り、乳牛の首に牧牛者が取り付けた鈴（＝ Cow Bell）の役割を想起されたい。Cow Bell は広い草原で放牧されている乳牛が何処にいるか、大きな音を立てることで、その所在を確認することができる。政策金融も、従来は取り上げられた事例が殆どない新規経済事業・新規案件（日本政策投資銀行審査用語では対象工事 or 対象事業という）等に対して、（ⅰ）政策金融が必要であるか否か、or（ⅱ）市中単独では投資回収計算上、成り立ち難い対象工事 or 対象事業であり、民間金融には馴染まない対象工事 or 対象事業であったとしても、政府資金が呼び水となり、民間金融機関との協調融資を通じて採算を確保し、経済社会の発展に寄与することを目的としている。経済学用語で言う市場の失敗を政府金融が補完・奨励して社会発展に結び付ける機能＝民間金融機関に経済社会に寄与する有益な新規経済事業・新規案件が「ここにあるよ」と知らせる機能を日本政策投資銀行が担ってきた、という文脈で使われることが多い。
　なお、市場の失敗については以下の通り。社会では、市場経済＝価格理論で説明される通り需要と供給が合致するところで価格（＝均衡価格）、数量（＝均衡数量）が決定されることが通常である、しかしながら、例外も散見される。すなわち、市場 mechanism に基づく資源の適正配分ができない分野が存在すること。もしくは、市場機構による資源配分の限界をさす用語を市場の失敗” と呼ぶ。具体的には、①独占や寡占による市場の支配、②市場を通さずに、他の経済主体に利益を齎す外部

経済の問題、または公害を典型例とする他の経済主体に不利益を齎す外部不経済の問題。③国防・警察・消防・外交等のサービス／役務や道路・上下水道等公共財に見られるように、特定の誰でもない不特定多数が必要としているにも拘わらず、市場が存在していない問題等をさす。これらについては、利潤獲得動機につき動かされて行動する民間セクターに任せることは一般には困難であり、中央政府（国防・外交等）・地方政府（警察・消防・上下水道等）が積極的に資源配分に介入することが求められる。その他、売買される商品やサービス／役務の品質については、売り主と買い主との間に大きな情報格差が存在していることでも発生する。情報の非対称性（不完全性）も逆選択として、この概念に含められる。

13) メインバンク制度等高度経済成長期に創成され、六大銀行グループ（三菱、住友、三和、第一、日本勧業、東海）に象徴される主取引銀行を共通とする企業グループが形成された。これは嘗ての財閥本社によるグループ会社群に対する事業活動指令に代替され得る機能を持つもので、緩やかな結合形態となることが通例であった。

14) この数ヵ月間、奇しくも新コロナウイルスが惹起した未曾有の社会経済システム混乱により齎された被害を軽減し、大企業から中小零細事業者等を含む個々の事業者・勤労者がその災禍から逃れるために、日本のGDPに対し約40％程度の規模に達する大胆かつ前例のない財政政策、公的金融支援等がなされつつある（2020年夏時点）。

15) 日本政策投資銀行Home Page、及び定期刊行物等調査した結果、以下URL等が参考となる。

日本政策投資銀行金融危機対応業務実績
　　https://www.dbj.jp/topics/dbj_news/2020/html/20200812_202796.html
　　　　　　　　　　　　　　　　　　2020/08/12　閲覧
財務省　https://www.mof.go.jp/index.htm　　2020/08/12　閲覧
金融庁　https://www.fsa.go.jp/　　2020/08/12　閲覧
日本銀行　https://www.boj.or.jp/　　2020/08/12　閲覧
全国銀行協会　https://www.zenginkyo.or.jp/　　2020/08/12　閲覧
中国・中信股份　https://www.citic.com/en/#home　2020/08/12　閲覧

16) 蔵書検索Systemを検索すると共に、実際に本学総合図書館地下研究書庫を実査して確認した。

II 本書全体を通じて、私が説明したいこと

1　総論

1．金融は実体経済を支える重要な役割を担っている。実体経済領域では製造業、非製造業等、その他の業態を問わず、事業活動に必要不可欠な資金仲介機能を担うメイン・プレーヤーである銀行・証券会社が資金需要者（社）に資金循環機能/Cash Flow 循環を金利、手数料等一定の対価徴求と引換で提供することにより、実体経済が成り立つことが広く知られている。金融機関は、今日では公共財としての機能を適時・的確に発揮するため、その業務運営が〈金融経済の専門家〉として社会から明示的にも黙示的にも期待されている専門機能に裏打ちされた仕事が行われることが過去にも増して求められている。筆者は本書で金融機関、就中政府金融機関である日本政策投資銀行（1947年、復興金融金庫→1951年、日本開発銀行→1999年、北海道東北開発公庫と統合して現在に至る）が創設の時から今日まで、民間実体経済に対する資金供給＝金融経済の大きな担い手として、政府による投融資活動（財政投融資制度）を果たすことで日本経済に大きく寄与したことを論じたい。そこで、本書は視点を金融機関の投融資行動それ自体から、資金循環機能/Cash Flow 循環を規律するには①どのような視点が必要で、②その視点はどのような経緯を経て導き出されたのか。そして③実体経済と金融経済は謂わば"合わせ鏡"の関係にあって、戦後日本経済史を通して事後的に観察すると、前者が円滑に機能する時は後者も円滑に機能していることが推定されるのではないか、という仮説を持っている。

　更に、"経済は生き物である。"という言葉にもある通り、日本政策投資銀行が第二次世界大戦後、75年を閲した今日にまで至る〈金融経済の専門家〉のパイオニアとして、その時代・時代の政策課題に即して果たしてきた政策金融による実体経済への貢献は、積極的に認められる事実であり、筆者自身は標記①＆②に思いを致しながら、その一方で市中銀行取引を巡る規制が辿ってきた道筋に注目した実証研究が必要ではないかと考えている（しかし

ながら、与えられた紙幅を超えるため、この論点については2021年度刊行の次著で述べる）。政府―今日では金融監督庁を経て、金融庁。1998年以前は大蔵省銀行局。経済企画庁（今日では内閣府）等の主務官庁―、中央銀行である日本銀行が金融経済を銀行法、金融証券取引法等の所謂〝業法〟を頂点とする法律・政令、内規（今日は影がすっかり影が薄くなった）行政指導等々を通して、金融経済は日本の国民経済を維持発展させる上で必要不可欠な機能を果たしていることは贅言を要しない、と思料される。

2．本書行論の背後にある筆者研究関心は、金融機関（その中で幾つかの政府金融機関を代表する全額政府出資。前身の復興金融金庫創設時点から起算すると70年以上実体経済に属する企業・第三セクター等に対して、金融経済の論理に適う投融資活動を連綿として続けてきた日本政策投資銀行）が果たしてきた金融経済と実体経済の相互関係を検討することにある。私見では、日本政策投資銀行を含めて銀行は利潤追求原理に突き動かされ、巨視的分析視座から見れば、実体経済そのものである各種営利企業を顧客に措定し、営業活動を行う。この営みは、融資を受けている企業・顧客、その原資を提供している預金者等から構成されている一般の国民公衆に対して、金融機関が自家薬籠中のものとして本来磨き上げてきた筈である〝職業としての〟資金循環機能/Cash Flow 循環を正確に、かつ　国民経済の維持発展に裨益する公共マインドに基づく組織行動をし得ることが明示的にも、暗黙の裡にも期待されている、と思料する。これは、公的な金融機関である日本政策投資銀行が「法律に基づく厳格な事業運営基準に照らしても非議されることなく、前述金融のプロフェッショナルならではの優れた判断能力に基づき、金融ビジネスが公明正大に行われている。」という社会的信頼を勝ち得ている早道である、と考える。

2 　各論／問題の整理

2−1 　マクロ経済と銀行の投融資行動を巡る状況を回顧する

　2000年代初頭。「日本の金融〜企業と金融機関の関係を問い直す〜」とい
う意欲的触れ込みの下で、中小企業を主な対象とした金融問題セミナーが日
本国内至る所で開催された。このことは1997年〜1998年にかけて山一證券自
主廃業を皮切りに、北海道拓殖銀行、日本長期信用銀行・日本債券信用銀行
等、第二次世界大戦以前から存在してきた証券会社、大銀行ほか東北・甲信
越等でも長年に亘り、それぞれの地方経済を金融面で支えてきた地域金融機
関（地方銀行・第二地方銀行、信用金庫・信用組合等）がばたばたと倒産し
た。このことは、個々の零細な預金者を含む金融機関との間で取引がある
人々に否応なく90年以上前の昭和初年。金融恐慌の古い悪夢の再来を予感さ
せる非日常的感覚を抱かせることになった。

　それに先立つバブル経済。1986年頃〜1990年頃にかけて数年の間に、東
京・大阪・名古屋等三大都市圏から始まった土地、建物（一戸建住宅・集合
住宅等）不動産価格の異様な高騰は、瞬く間に都道府県庁所在地→地域中核
都市→中小・零細な集落にまで拡がった。株式価格の暴騰。不動産価格上昇
と略々同時期に始まった右肩上がりの異常な高騰は相互に影響し合い、「あ
れよあれよ」という間に理論的に説明不可能な資産価格の急激な値上がり
は、銀行の経営行動を根底から変えることになる。売買取引実体、あるいは
古典経済理論からは、どうしても合理的には理解できない現象が日常現象と
して日本国中で見られた。沸くように発生しては、破裂する水の泡にも例え
られる世間一般で広く膾炙したバブル経済は、短期間の裡に天文学的な水準
にまで達する不良債権の山を堆く築くことになった（「花見酒の経済」）。元
本はおろか、利息すらも回収できないこれら不良債権は、バブル経済の時期
に、闇雲に案件発掘が先行し、投融資残高の増加が自己目的化した銀行

（群）が堅実経営を離れて、銀行として最も鼎の軽重を問われる与信判断根
拠を示す一連の審査所作が本来は申込者から提出された計数を厳密に検討
し、投融資活動から稼得される最大利益実額を堅めに見て諾否を決める、と
いうカネ貸し業の本道から逸脱する経営行動を許容する異常状態の中で累増
した（ある民間都市銀行頭取は、"向こう傷は問わない。"と平時であれば尋
常ではない言葉で案件発掘を鼓舞した）。銀行が長年に亘る個別貸付案件を
通し、理論と実務を累積して行く過程で科学的知見と熟練を通して紡ぎ出さ
れた審査理論からすれば、到底考えられない杜撰極まりない行内検討過程を
経て、場合によっては先方申し込み金額を大きく超える金融取引さえ行うこ
とさえもあった。債権保全を蔑ろにしての闇雲な貸付実行、本来であれば貸
せない規模と与信条件で貸金を打つ、という為体であったことがバブル期に
略々すべての民間銀行内部で起こっていた。

2-2　銀行の与信判断基礎

　本来、市中銀行貸付原資は、法人・個人を問わず、受信業務たる預金取引
から得られた貴重な資金である。その運用＝投融資には責任を持って行われ
るべきであり、プロ意識が求められる筈であった。バブル経済期前に、審査
の要諦は「対象工事（事業）完成後、正常運転・正常稼働状態に入ってから
確保される期間収益単独で元利合計回収の確からしさを検証することが可能
か否か？　可否判断を行った後は、当該判断を計数で表現すれば如何か？」
を厳しく見極めることであった。卑近な言葉で、分かり易く説明すると、カ
ネ貸し業は対象工事（事業）から新規稼得される資金循環/Cash Flow を銀
行が享受することを客観的・科学的・合理的に計算できることが実証されて
こそ、初めて成り立つ金融ビジネスである。通常の金銭消費貸借契約であれ
ば、必ず徴求される物的・人的担保は融資実行時の見通し（＝審査）を誤
り、増加収益から資金循環/Cash Flow 循環が得られなくなった場合に、取
りはぐれることを避けるために確実な担保を差し出させる。銀行がその存在

目的であるビジネスとしてカネ貸し業で徴求する物的・人的担保は、担保留保・登記留保等の取得形態は異なっても、与信可否＝貸付実行時には、あくまでも債権保全上の緊急措置として想定される補助的与信管理であることを知らなければならない。つまり、健全な金融取引＝融資は、将来発生する新たな資金循環／Cash Flow 循環を償還財源とする経済計算＝収支予想が科学的根拠に基づいて成立することを前提とした営みである。金融機関が果たすべき社会的意義を考えると、正しく存在するためのレゾンデートルは、経済政策・産業政策・金融政策がリアルに切り結ぶ現実を見極め、金融機関自体の財務の健全性を維持向上させつつ、①新規投融資活動取り上げ可否、②投融資実行後は債権管理、あるいは当該企業の育成指導を行うことにある。このような視点から、バブル期、全国各地で広く見られた市中銀行による闇雲な貸付実行＝後々の巨額不良債権発生は、今となっては歴史書を紐解いてみれば、過去にも世界各国で起こっていた資産価格が右肩上がりで高騰し、ある時期が来ると一挙に崩壊するバブル経済を new normal 時代の訪れである、と思考短絡させたことに起因する。

　このような愚かな経営行動は、バブル経済が終焉から30年以上が経過した現在になっても、厳しく非難されなければならない、と筆者自身は考える。「土地価格が下がる筈(はず)はない」という愚かにも、経済学的根拠に乏しい思い込みに踊らされ、貸し手であり、債権者の立場にある銀行が借り手であり、債務者の立場にある企業との間で遣(や)り取りされる Cash 取引である、という厳粛かつ真剣な経済取引であるにも拘わらず、取引関係者双方が思考停止に陥っていたことが問題発生の根本原因である。今となっては単なる後講釈で、詮無いことであるものの、全国的に展開された一時の熱狂的経済環境の下で、金融経済のプロフェッショナルの立場に立つべき銀行が資産価格急騰を前提とした実体経済を営む企業からの資金需要に対する冷静な判断を誤り、将来の資産価格の更なる値上がり期待を根拠として、結果としては金額の大小を問わず、回収不可能な資金を焦げ付かせたこと。これは「金融経済のプロフェッショナルにとって、恥以外の何ものでもないことを肝に銘ぜ

よ。これが銀行員の矜持である。」と筆者は開銀新入行員時代に叩き込まれた。無担保・無保証紛い、見方によれば背任行為とも指弾されても仕方がない背徳的所作から齎された結果が日本全国津々浦々で広範に観察されたことを忘れ去ってはならない。

　あれから30年以上が経った現在に至る今日になってもなお、日本経済は潜在成長率が０％台前半から抜け出せておらず、市場経済に固有に含まれる景気循環波動が繰り返されてきた中で、2012年12月、総選挙結果を踏まえて、民主党から自民・公明連立与党へと政権交代が行われて以来、打ち出された成長戦略も当初想定された通りの政策効果が得られたとは言えない。殊に、首相辞任が表明され、日本国憲法第70条に基づく内閣総辞職を直前に控えて、その後は政権与党内代表者選挙が実施され、管総理大臣が選出された政治情勢の遠因を形成した時代風潮に思いを致しても、バブル経済最盛期に愚かなことにも、殆ど全ての市中銀行が取った〈正しい企業金融原理〉を逸脱した経営行動の後遺症から、日本経済が完全に脱却したとは言い切れない。バブル崩壊は1990年とされる。爾後30年が経過しているにも拘わらず、経済巡行速度は今もなお適切と判断される水準までには回復していない。１世代は約30年。長い時間が過ぎ去った今日、適切水準が奈辺にあるのか、厳密な論証は困難であるものの、バブル清算は真の意味では最終的な決着を見るに至っていないのでないか、と筆者は考える。このような視点から、バブル経済終焉後、多数の巨額不良債権発生させた原因が案件に関与した銀行が職業上あるべき規律から逸脱した結果、本来あるべき健全な与信判断を単なる不注意・過失によるだけではなく、重過失、故意と同程度に悪質かつ犯罪性さえ認められる不始末をしでかしたことにある、と考える。お読み取り頂けるように、健全な銀行ビジネスが行われる上で、監督者たる当局が社会Systemを構成する銀行監督制度に一層ヴィヴィッドな生命の息を吹き込むための基本原理は、償還確実性を様々な観点から検討し、企業として、あるいは事業として経済採算が取れるか否かを目利きできる歴史的に築き上げられてきた銀行の職能を公正妥当に事後検証する銀行取引を巡る公的な規制体

系整備を通じて確立することに求められることになるであろう。私見では、
バブル経済生成→発展→終焉→日本経済低迷→ New normal 経済→…とい
う1980年代半ば以降以来、2020年代の今日に至る30年を超える日本政策投資
銀行が経済社会の中で果たしてきた在り方を考察すると、このことが言える
のではないか…と考えている。→　本書後半、金融取引のパラダイム

　健全な銀行ビジネスが行われるべき社会 System を推進するためには、バ
ブル経済後　日本の金融監督当局が大蔵省（銀行局）時代に敗戦後長らく続
いた護送船団行政から、今日の金融庁による当局が定める監督体系に照らし
て事後的に徹底的な検証を行うアメリカ型の金融検査行政へ移行したことが
その効果を発揮している、と筆者は考えている。つまり、銀行監督制度がほ
かならぬ“監督されるべき銀行”が利潤追求原理に突き動かされ、巨視的分
析視座から見れば、実体経済そのものの企業（民間金融機関の場合、個人も
顧客に当然なり得る）を顧客に措定し、展開される営業活動にガバナンスを
効かせることは、二律背反する余地があるのかもしれない。しかしながら、
監督官庁である金融庁による銀行検査と併せて、中央銀行・日本銀行考査を
受けることが出融資を受けている企業・顧客、その原資を提供している預金
者等から構成されている一般国民公衆に対して金融当局と中央銀行が厳正に
実施した監視結果を正確に、迅速かつ分かり易く開示されること。これこそ
が「法律による厳格な基準に基づいて、この銀行のビジネスは公明正大に行
われている。」という社会的信頼を勝ち得る早道である、と考える。

2−3　金融 System 将来像の構築を巡る4つの視点

　2005年4月、20世紀末の日本経済に金融恐慌発生寸前の大危機を齎した非
常事態を乗り切るために当初見通しから幾度も延期されたペイオフ解禁が漸
く全面的に実施された。民間金融機関はこれにより、事業原資である預金コ
ストを市場実勢に結び付いた水準に合わせることが可能となり、郵便貯金と
同じ条件で競争する条件が整備された。このように、厳しい Balance Sheet

調整局面を経て民間金融機関は、新規事業展開に向けて本格的に乗り出す機運が醸成された。

　一方、郵便局側も1875年「恒産アル者ハ恒心アリ」という標語の下で、前島密により社会政策的観点から官業として発足した日本の郵便貯金制度は、ペイオフ完全解禁から２年後の2007年10月に実施された郵政民営化により政府信用を背景とする国民大衆の零細資金を一箇所に集めて（大蔵省資金運用部）、これら返済義務がある有利子資金を日本政策投資銀行・国際協力銀行、農林漁業金融公庫・国民生活金融公庫・中小企業金融公庫・沖縄開発金融公庫等の政府金融機関だけでなく、日本国有鉄道・日本電信電話公社・日本専売公社、国際電信電話会社、日本道路公団等政府事業機関に貸し付けること（財政投融資）を廃止した。民間金融市場からの資金調達とは異なり、郵便貯金制度により、長らく政府から直接資金調達できた構造がともすれば非効率となりがちな業務運営をこれらの政府関係諸機関に可能とする余地が残されていたことに、大鉈（なた）が入ったのである（各機関はそれぞれが実施する事業収入の中から、当該借入金を返済して行く資金の入り口機能としての役割を終えた）。明治以来、続いてきたこの革命的変化は、国民大衆及び企業等から獲得する預金・金融債を通じて間接金融を支える資金Flowを得るという点で同じであったものの、政府信用がない以上、自らが有する信用に依拠して事業活動原資を調達する点で、民間金融機関が予（かね）て官業である郵便貯金を批判する論拠になっていた（競争条件のEqual Fitting要求）。

　官業が民営化され、初めから民間資本により経営されていた日本の金融業（ここでは受信＝資金取入れに限定する）を近年取り巻く環境は、大きく変わった。それは①情報通信技術の発達と共に、②これと密接に結び付いたデリバティブの隆盛等に見られる金融技術の急速な進歩を背景とする金融・資本市場のグローバリゼーションの大きな進展が挙げられる。また、国内状況では、少子高齢化が急速に進展しており、高度経済成長を可能とした団塊の世代に見られる人口のボーナスが剥落し、代わって年金収入に専ら生活の糧を求める膨大な数の老年人口を少数の現役若年世代が扶養する、というこれ

までに日本社会が経験したことがない新しい経済の流れが強まっている。これら少子高齢化の進展は、既に足元資金の流れと共に金融構造にも大きな影響を与えている。

　日本の金融を巡っては、これら環境変化に伴い、金融 System も大きな構造変化が起こっていることは周知の通りであろう（貯蓄から投資へ）。"経済は生き物。" という諺が示している通り、社会的信用を背景にして Cash Flow を仲介する銀行が担う金融ビジネスは、置かれた環境に適合して生き物が進化して行く自然界の流れと同じように、新たなビジネス・モデル構築を図らなければ生き残れない、という状態に直面している。

　これら金融・資本市場を巡るグローバリゼーションの大きな進展は、資金調達・運用機会の拡大を通じて、得られた資金を元手とする投資機会拡大と、新たな金融商品には潜在的に含まれている諸々のリスク管理が必要であるという観点から、専ら受信業務分野での取引関係を有する顧客を名宛人とする新収益獲得機会の提供と併せて、リスク分散機会を齎す。この他、喫緊の課題として従来は証券会社の独壇場であった M＆A 等を通じ、内外を問わず、日本で展開されている諸々の金融ビジネスに対する新規参入障壁を低くすることで、金融機関間に於ける競争促進効果が発揮されることになろう。これらは具体的には第 1 に、銀行を中心とする金融仲介システムの進化・発展という視点。第 2 に、経済全体で容認し得る金融リスク総量がデリバティブの隆盛等に見られる金融技術進歩等と相俟ち、管理不可能規模にまで増加して行く蓋然性が高い状況の下で、銀行及び受信者の顧客相互が共に取るべきリスク管理を如何に考えるか、という視点。第 3 に、個人金融面では人生百年時代を見据えた長寿化は、必ずしも手放しで歓迎されるべき福音ではなく、何れは誰しも正常な判断力が低下し、認知症を患う可能性をも視野に入れた個人ライフサイクルを通して、あるべき金融サービスとは何か、という視点が必要になるのではないだろうか。最後に第 4 。1 〜 3 を制度として支える金融システムの安定性という視点である。

3　銀行を中心とする System の変化と日本政策投資銀行

　戦後日本の金融 System は、銀行を中心とする間接金融優位の金融 System であった。それに対して、アメリカやイギリスで展開されている市場を中心とする金融 System/ 直接金融は、家計・企業・政府から構成されるマクロ経済アクターの中で企業部門に於ける技術進歩のスピードは速く、筆者［2017］が論じたように、グローバル化が嘗てない規模で進んでいる環境の中、Cash Flow 循環を合目的的に促進して実体経済を発展させる上で、戦後日本の金融 System である間接金融が適合していた、と考えられる。欧州大陸に目を転じれば、彼我の違いは日本と同じく、第二次世界大戦の敗戦国であったドイツも先進国に追い付くためには、家計に広く薄く保有されている資金を銀行セクターに集中させることを通して、資本の原始的蓄積を促進させる政策を決定していた（今日では EU 地域経済の中心であるドイツも日本と同じく銀行が主体となる金融 System が今日も展開されている）。このような理解は現実を踏まえたもので、学会でも膨大な先行研究業績が蓄積されている。

　しかしながら、21世紀に於ける望ましい金融 System を論ずる場合、標記銀行を中心とする System と市場を中心とする System の何方が優れているか、という従来の研究では注目されていた問題の立て方が今後は見直される可能性がある。これは健全な銀行ビジネスが行われるべき社会 System に生命の息を吹き込むためには、私見では、あるべき銀行監督制度が25ページで詳述したように、会計学の視点からは企業内容の必要十分な開示と共に（ⅰ）財務監査、（ⅱ）業務監査、そして（ⅲ）財務企画と、（ⅰ）〜（ⅲ）を通じて挙証されるに値する金融取引専門家である銀行が果たすべき役割を果たすことが必要になる、と考える。

　更に、私見では「良い金融 System を有する国家は、そうではない国家に比べると、より一層高い経済成長を促進することが可能である」という学会

の多数説に従いたい。具体的には前者と後者の何方がより一層成長促進的で
あるか、否かという論題について実証データ分析を用いて検証した研究も多
数見られるものの、僭越ながら過去のマクロ経済状態を整合的に検証できて
いるとしても、それぞれの研究者によって採用される前提条件次第では如何
様にもデータ分析結果の方向性が変わり得る可能性があることから、将来の
それは必ずしも明確な結論は得られる保証はないのではないか、と筆者には
思われる。

　この問題は突き詰めれば、①市場経済 System に於ける資金の出し手＝銀
行（間接金融）or 証券（直接金融）と受け手＝企業 or 家計の間に存在する
情報の非対称性を克服する方法として、均衡価格・均衡数量を発見するマク
ロ経済学基本理論と共に、金融市場を通じて資金を出すセクターがビジネス
活動を通じて、顧客企業・家計の経済行動を規律付けする等市場が本来持つ
機能を重視するか、②それとも資金の出し手が行うビジネス活動の本質が銀
行による審査活動現場で典型的に見られる情報収集・生産機能を重視する
か、という点に集約される。しかしながら、過去の実証データ分析を通して
得られた研究が、将来のそれに直ちに同様の精度を以て機能するかに疑問の
余地があることと同様に、①②のうち何れの方法論がより一層優れているか
否かを初めから決め付けることは難しいであろう。市場が有望投資プロジェ
クト、あるいは企業を発見し、資金の出し手が主として採算性を基準に行う
選別機能と共に、銀行が間接金融を通じて貸付残高がある限り、債権保全の
観点から常時モニタリングを発揮する機能との間には、相互補完性がある、
と思料されるからである。

　この文脈で、寧ろ重要なことは、③総体として実体経済に提供される金融
経済を担う出し手から供給される金融サービスの量と質が高まり、ミクロ的
資源配分を改善して行くことにあるのではないか、とする仮説を検証できる
か、否かではないか。そのためには、金融取引がその本質に鑑みれば本来的
に有する様々な顕在するリスク、潜在的リスクを組み替え、あるいは分散さ
せる上で有用な金融技術を発達させることが強く求められる。これは2008

年、リーマンショックの生成原因ともなり、爾後（じご）は起こり得る金融混乱を軽減・回避することを志向して現実に急速な進歩を遂げている。同時に、かかる金融技術が生かされるために必要な仲介チャネルを発達させるための施策も必要となる。高度化した金融技術を駆使した複雑・難解な金融商品の登場は、一方で家計や企業が直接高度に発達した金融資本市場に参加する費用を高める可能性を有しているため、片方で参加費用を低減させるべく、多様なチャネルを通じた金融仲介の担い手が求められることになる。

　この金融仲介の担い手は、銀行が限定される必要は必ずしもなく、既に実務界ではノンバンク・商社等で前者は金融仲介ビジネスを本業としており、貸し手・借り手双方から matching ニーズがあることで、金融証券取引法、外国為替及び外国貿易法等関連業法、規則、運用細則等改正で正規に認められる範囲内でより一層高度な金融仲介を行っている。後者も俗に言う「商社金融」で培った債権管理、回収、M&A、PFI、PPP 等国際取引現場で商社がメーカーと金融機関、金融機関と商権を有する現地政府等との間で鎬（しのぎ）を削って得た実務ノウハウを存分に生かした金融仲介ビジネスが日常的に執り行われている。先に退任した安倍前首相が政権奪還した2012年12月以降、所謂（いわゆる）アベノミクスが打ち出されて以来、7年9ヵ月の間一貫して続けられてきた拡張的金融政策の中で、時代の動きを敏感に感知して予（かね）ての国債・地方債・社債、株式、投資信託等に加えて、新たに様々の金融商品が開発されてきたことは、改めてコメントする必要もないであろう。これらの新手金融商品は、大枠として「ファンド」と称される投資ビークル―そこに含まれるものは、広く資金を集めて、広く流通する株・債券、不動産等に大規模な投資を行うものもあれば、非公開企業に対する投融資を対象として比較的小規模資金で組成されるものまでも含めば、種々様々である―が組成されて、資金の出し手である投資家の運用目的に最も合致した金融商品が組成される。インターネット、もしくは金融機関店頭で取引されている。このような金融ビジネス隆盛も、新たな金融仲介の担い手の一例と言える。これらに加えて、経済発展と金融 System 相互間の役割については、（ⅰ）法の支配、（ⅱ）権

利保護と民商事取引契約に強制執行力を付与する法制度・インフラストラクチャーがどの程度整備されているのかという論点も重要と考えられる。

　2008年10月、前年に実施された旧．財政投融資制度の入り口であたる郵便貯金制度改革から１年が経過した時点で、出口にあたる日本政策投資銀行を含む政策金融機関が全額政府出資の特殊会社へと組織変更された。このような文脈から、本書は敗戦後に現れた現在の日本政策投資銀行が国家と一体不可分の予定調和を巧みに取りながら、時々の政策課題に対して金融ビジネスを規律する〈収支相償原則を厳守する政策金融のあり方〉を頑なまでに遵守してきたことを示す意図で、読者諸賢にはあるいは迂遠な印象を持たれるかもしれないが、歴史的視座を重視して行論されていることを予めお示ししておく。

Ⅲ　日本経済概観

1　日本経済の変化－戦前の日本経済

　日本経済は明治維新以降、資本主義経済体制に組み入れられ、1945年8月
15日無条件降伏により3年8ヵ月続いた太平洋戦争[17]終結時点では、開国・
近代化開始以来約90年間営々と築き上げてきた国富の1/4、約25％が米軍
による空襲、地上戦闘（沖縄県）、海外占領地～日本内地間外航海運機能破
壊等の結果として徹底的に毀損・破壊されていた。戦争中、鉱工業生産水準
は戦前の約1/3にまで落ち込み、敗戦に伴い武装解除された海外の戦場に
動員されていた軍人・軍属等をはじめ、一般の日本人も旧植民地・日本領土
縮小[18]の結果、文字通り「着の身着の儘状態」で命辛々引き揚げざるを得
ない状態であった[19]。この結果、日本は政治的には勿論、経済的にも未曾有
の大混乱が朝鮮特需[20]時、主として米軍から構成される国連軍から齎され
た臨時・巨額規模で、欧州全域と戦勝国ソ連も疲弊しており、他通貨では太
刀打ちできない経済状況下、21世紀前期の今日以上に強力かつ実力を伴う世
界基軸通貨たるアメリカドルで支払われる実需が日本の国内経済を潤した。
つまり、敗戦に伴って日本社会の未曾有の大混乱が続く中で、失業者急増と
国民生活が極度に窮迫する悪循環から、幸運にも脱却する朝鮮特需に基づく
国連軍（＝実質は米軍）による膨大なアメリカドルによる外貨受け取りに
よって経済復興の足枷となっていた最新鋭技術と高い生産性に裏打ちされた
輸入機械等を主とする設備投資資金確保が可能になり、マクロ経済再起動に
必要な経済停滞からの解消に繋がることとなった。これは、日本経済復興に
向けて多大な貢献がなされることになった、ということである。
　朝鮮戦争が勃発した1950年は、敗戦から5年が経過しており、それまでに
も傾斜生産方式により枯渇し切った国民所得の中から、なけなしの零細資金
を掻き集めて復興資金に充てる営みは行われてきたものの、これ程大規模か
つ即効性がある仕方で日本経済復興に向けて多大な貢献がなされることに
なった背景には、①確かに戦時経済移行（1938年国家総動員法制定等）以来

一般家庭向け各種商品生産能力は確かに著しく低下していたものの、その一方では②敗戦直前まで負け戦を認識しながらも、本土決戦を呼号する軍部による保護を受けて、ある程度まで温存されていた軍需関連産業に対する特需は、アメリカ軍による戦争行為継続と支援を可能とする本来業務新規受注を通じて、疲弊しきっていた日本経済を復興させる上で、十分に効果的であった。復興金融金庫廃止と資産・負債、人的資源を承継して新規開業した日本開発銀行（現．日本政策投資銀行）は、このような時代背景の中で、政府金融機関が戦後日本経済全体にわたる資本の原始的蓄積を齎す文字通り主たる担い手として、その機能を十分に果たしていた（この状態については、注に於いても詳述している）。太平洋戦争以前に於ける日本経済については、本文では以下に要約する。

2　開国以降、19世紀末まで

18世紀半ばに世界で初めて産業革命[21]を経過したイギリスは、100年後の19世紀半ばには工場制機械工業[22]下で生産力を飛躍的に高め、綿糸・綿織物を中心とした[23]軽工業製品販売市場と新たな原料綿花の産地等確保を求めて、アジア進出を本格化させていた。他の欧米列強諸国もイギリス同様にフランスが19世紀半ば以降にインドシナ半島東部[24]を、オランダが17世紀以来植民地支配したインドネシア[25]を、16世紀初めにスペイン支配が始まったフィリピンを米西戦争[26]に勝利したアメリカがスペインを駆逐して新たな自国植民地にする等、唯一独立を維持してきたシャム /1932年以来、タイを除き、東南アジア全域が外国勢力の支配下に置かれることになった。東アジアも、アヘン戦争（1840年～1842年）でイギリスに惨敗した中国が1842年南京条約締結後、半植民地状態に陥り、爾後国境を接する帝政ロシアや、明治維新を経て近代化が開始された日本を含む帝国主義国家の主導による不平等条約体制に組み込まれて行く状態が20世紀半ば第二次世界大戦終結後、新たなる国際秩序体制に移行するまで継続することとなった。

近世経済史の観点から、これを補足すると、おおよそ以下の通りである。

　工場制機械工業により、自国で生産された商品の全てを国内だけでは捌き切れなくなった西欧列強諸国が国家として取った行動は、19世紀初め〜半ば（徳川幕府が鎖国を解き、開国・和親に転じた1854年以降、明治期に至る時期）にかけて「資本主義的世界市場」[27]へ日本を含む東アジア諸国を強制的に組み込もうとしたプロセスであった、と考えられる。東アジアもこのような政策を基調とする資本主義体制の高度化・複合化が進む時代背景下、中国がアロー戦争[28]敗戦を巡る後始末を口実とした帝政ロシアに清朝の故地である今日で言えば、ユーラシア大陸北東部に拡がる沿海州[29]割譲を強要され、明治維新を経て近代化が開始された日本が同じアジア人でありながら脱亜入欧[30]が国論として膾炙されるに至ったこと等から、日清戦争以来、欧米列強によるのではなく、アジア人が最初にアジアを植民地化する状況が一般化する時代が現出した。

3　19世紀末〜第二次世界大戦まで

　明治期（1868年〜1912年）を通じて、殖産興業・富国強兵・文明開化[31]という三大標語の下で急速な産業全般の発展を見せてきた日本経済は、日清・日露の2大対外戦争勝利後またしても10年後に参戦した第一次世界大戦（1914年〜1918年）に連合国の立場で参戦し、勝利した[32]。第一次世界大戦前夜、日本経済—近代産業：就中、鉱工業を占める第二次産業、農林水産業を除くその他の産業である第三次産業のうち、電力[33]、鉄道業[34]、更に金融、貿易等、外航海運業[35]等に従事する各種セクターに注目する—の基本的構造は、（1）石炭鉱業と非鉄金属製造業、（2）陸軍造兵廠及び海軍工廠[36]、並びに官営八幡製鉄所、民営では日本製鋼所等からなる重化学工業[37]、（3）電力業と鉄道業が生産・流通・販売等各種の局面で、相互に不可分密接な関係を構築していた。この間、明治以降、政商[38]として急速に発展を遂げて来た三菱、金融業で成り上がった安田、徳川時代から東の江戸

で呉服店から発展してきた三井、天下の台所大坂を基盤に、四国東予別子銅山にて精錬業から財を成した住友の４大財閥を頂点とする巨大資本家による経済秩序が形成されていた[39]。明治期に確立したこの流れの中で、大正期に入っていた日本は、折からの好景気で日露戦争期に抱えた軍事費償却等経済的疲弊をようやく皆済して、ヨーロッパを主戦場とする大戦争に於ける戦費を中心とする日本の新たな財政負担は少額に留めることが可能であった。寧ろ、20世紀初めに勃発した欧米列強諸国を中心とするこの大戦争は、19世紀までの戦争とは全く規模の大きさも武器の殺傷能力も飛躍的に拡大した総力戦[40]を強いるに至ったことで、アジア一帯に展開する植民地にまで宗主国である欧州列強諸国による影響力が弱化したことを奇貨として、日本は当時の軽工業製品を主体とする綿織物等繊維製品を東南アジア地域に輸出した。戦争景気で繁栄するアメリカに対しても、現地繊維工業原料となる大量の生糸の需要があり、これら複数の要因と共に、折からの造船景気・船腹需要激増による外航海運業の隆盛等もあり、日本は大戦開始後の1914年には当時の邦貨換算で11億円の債務国であったにも拘わらず、第一次世界大戦後の新国際秩序を定めるパリ講和会議[41]終了後の1920年には、邦貨換算27億円以上の債権国となった[42]。結果的に、遠い外国で起こった戦争経済を謳歌したことになった（第二次世界大戦終了後、５年目1950年６月～1953年７月にかけて戦われた朝鮮特需も、同様の経済効果を日本に齎したことは、注20を参照されたい）。

　重化学工業についても、大戦継続に伴う欧州各国からの製品輸入途絶の結果、化学工業技術を自前で開発・発展させられることを已むなくされたこと[43]等から、著しく近代化が進み、工業全体として漸く当時の世界水準に追い付き、先進工業化が達成された。"鉄は国家なり"[44]と言われる鉄鋼業に関しても、中国本土（大冶鉄山、㴱郷炭鉱）から齎される豊富な鉄鉱石と原料炭が筑豊から算出される国内炭使用とも相俟って官営八幡製鉄所生産能力が拡大された。更に、1915年大隈内閣時代には対華21箇条要求[45]等の1912年１月に清朝を倒して新たに成立した中華民国の国内混乱に乗じた強硬

姿勢を背景とする経済的侵略政策の一環として、南満州鉄道[46] が経営する鞍山製鉄所[47] について当時の状況を述べた注までを以て、次節 第二次世界大戦―15年戦争期～アジア太平洋戦争―まで に時代を移す。

4 第二次世界大戦―15年戦争期～アジア太平洋戦争―まで

　1931年 9 月18日、関東軍の謀略によって満鉄線の一部が爆破されたことを契機に開始された日中両国間での武力衝突（柳条湖事件）は、1945年 8 月15日。無条件降伏による日本敗戦まで足掛け15年間に亘る長期戦となった。その直前期にあたる1920年代後半以降の日本経済は、財閥会社等大企業を中心に当時世界の最先端を走っていたアメリカ等をモデルとする産業合理化が推進されていた。1927年、金融恐慌が起こり、金融経済の整理・合理化が大蔵省・日本銀行により断行される一方、実体経済も商工省による事業整理、カルテル結成容認等が推進され、高効率の生産設備導入と価格統制等による利鞘（ぎや）確保等、日華事変（1937年 7 月 7 日以降）直前の1935年～1936年には、戦前期日本経済のピークを迎えた。このような金融・経済等諸領域に亘る政策が取られる中、金輸出再禁止（1931年）実施に伴う対米ドル・英ポンド等主要通貨に対する円相場大幅下落[48] が起こり、この結果、軽工業分野では綿織物を中心とする輸出が中国市場向けのみならず、欧米先進諸国等向けも著しく増加し、日本は世界第 1 位の輸出国になった。

　このような経済摩擦で、日本企業が劣悪な労働条件に基づく輸出製品不当廉売とクレームを相手国から付けられる事態（イギリスは Social Dumping と呼んだ）を惹起することになり、自国内及び植民地全域内を対象とするポンド経済圏で日本製品に対する高率関税賦課、輸入割当数量制限等対抗措置が実施され、瞬く間にアメリカ、フランス等その他有力諸国もブロック経済圏を構築した（こうした保護貿易が第二次世界大戦を引き起こす大きな原因となった）。

　こうした緊張下の国際経済体制の中で、満州事変以降、軍部が急速に政治

に対しても容喙する傾向を恣にして行く過程で、時局匡救事業が巨額国
債発行を財源とする軍事費と共に都市部と近郊軍需関連産業に対する投融資
も増嵩した。日本経済は前述の輸出増加と、これら軍需景気と併せ、1933年
には1929年10月 New York で発生した"暗黒の木曜日"を発端に拡大した
世界恐慌以前の生産水準に戻った。この間、関東軍の強い意向に則り、1932
年建国された満州国にも日産コンツェルン（鮎川義介）等をはじめとする新
興財閥が次々と生産拠点を新設すると共に、日本内地に於いても、三井・三
菱・住友等既存財閥も軍需と強固に結び付く重化学工業部門強化が行われ
た。15年戦争期に実施されたこのような軍需と日本帝国主義が主導した拡張
主義的財政は、5.15事件（1932年）で海軍青年将校団により暗殺された首相
犬養毅を最後に政党内閣打倒後敗戦まで継続することになった[49]。

5　日本に於ける資本主義の発展状況について考える

　この論題については、それぞれの学派によって（ⅰ）力点の置き方、（ⅱ）
分析方法、（ⅲ）価値観の相違等現在に至ってもなお百家争鳴の議論が存在
している。本書は資本主義それ自体について論及する書物ではないことか
ら、嘗て筆者が教えを受けた経済原論[50]を下敷きにした論理展開をするこ
とをお許し願いたい。周知の通り、今日の世界を構成する国民国家・地域経
済共同体等（＝国連直近加盟国総数は193ヵ国/197ヵ国。2019年11月現在で
ある）も、それぞれに時代区分、国家形態等の違いに由来し、文字通りそれ
ぞれに種々雑多・多様性に富む姿・形を取る市場経済≒資本主義経済[51]が
機能している。しかしながら、経済史の視点からその歴史的な位置付を行う
とすれば、凡そ以下の通り発展する、と講じられている。すなわち、①資本
の原始的蓄積/対応する経済政策としては、重商主義段階→②産業革命経過
後の市場経済≒資本主義経済黎明期〜発展期/対応経済政策としては、自由
主義段階→③市場経済≒資本主義経済それ自体に内在する本質的な資本の運
動法則として、文字通り〈マクロ経済全体の良否〉を今日では現実に存在す

る景気変動状況を数量的にも記述することを可能とする193ヵ国／国連加盟総数197ヵ国に通底する共通の経済的物差しで計測しつつ—典型的には過去定期的に起こってきた恐慌[52]が金融資本・独占資本[53]—が確立した帝国主義（段階）と区分して議論を進める方法論が採られることが一般的である[54]。

　さて、3節　19世紀末〜第二次世界大戦まで．の部分で講述される日本の状況に戻り、詳細な説明を追加する。

　幕末、癸丑・甲寅（1853年・1854年）以降、本格的に西欧（帝政ロシアを含む）に接し、開国を迫られた日本は、開国後数年の裡に産業近代化に向けて長足の歩みを踏み出し得たことが良く知られている。その理由は上方[55]に日本国中の物資が集められ、当時の世界の中でもロンドン、パリ、アムステルダム等にも勝るとも劣らない屈指の人口を有し、大消費地でもあった征夷大将軍徳川氏が治める江戸[56]と並び、三都／大坂・京都・江戸と称された都市に供給される衣食住に不可欠な消費財を製造・供給する①市場経済が蝦夷地（1869年以降、現．北海道）を含む日本の諸都市・地方農村集落等を舞台にして全国的に発展していたことと共に、士農工商[57]身分秩序が社会発展を阻害していたにも拘わらず、②緩やかに標記・市場経済が発展して行く過程の中で職人、農民層に於ける賃労働が展開していたからである。ヨーロッパでは、ナポレオン支配が確立していた19世紀初頭にあたる文化・文政期（1804年〜1829年）の日本では、寛政（1789年〜1800年）の改革以来継続していた緊縮財政にも拘わらず幕府財政は、一向に改善を見ない状況にあった。しかしながら、文政期になると、「文政金銀」の名で知られる悪貨改鋳[58]が始まって幕府は改鋳差額から得られる年@平均50万両にも及ぶ利得を得、財政赤字を表面的には糊塗することに成功した。こうした悪貨の大量発行は、時代の先後を問わず、消費者物価高騰を齎して庶民生活は疲弊したものの、一方で標記市場経済発展という観点からは、緊縮財政→積極財政転換に伴う市中流通貨幣量（価額）増加を見て、幕府政治の中心地である大消費地である江戸は繁栄した。これと共に、前述した大坂・京都を中心とする

上方経済も、All Japan base で商品生産・流通の発展等実体経済が高度化を呈すると同時に、高度に複雑化・グローバル化が進んでいる現代とは当然比較にはならないにしても、両替商[59] 等に代表される金融経済が発展することになり、経済的には上層に位置する商人（＝町人）、当時は米穀生産流通が経済社会を機能させていたが、農業生産者階層等に於いても（＝地主、大百姓等）も富裕化することにより、本書で既に説明してきた日本経済の変化－戦前の日本経済を通底する基礎構造の１つであったことは確かであろう。

注
17)　本書７ページ、注１．B 【アジア太平洋戦域】参照。
18)　＞１．領土、国富の喪失　…　まず領土であるが、満州、南方諸地域および中国の占領地を除く日本の旧領土の総面積は、第一表の通り675,405km² に達していたが、このうちポツダム宣言によって喪失した総面積は300,000km² 以上に上り、これらは旧領土の総面積の約45％に当たっている。すなわち、日本は敗戦によって明治維新当時の領土よりも狭く、しかも、戦災を蒙った領土に限定されてしまったのである。　　経済企画庁戦後経済史編纂室編『戦後経済史（総観編）』1957年　8－9頁
19)　＞２．人口の増大　…このように、日本経済は一方において莫大な領土、国富を喪失したのに反して、人口は相対的に著しく増大した。これは終戦直後の日本経済のきわめて重要な特色の一つである。昭和20（1945）年11月１日現在における内地人口（朝鮮・台湾・樺太・沖縄を除く）は、71,998千人で、そのうち男は34,905千人、女は38,209千人と推計された。だが、しかし、終戦当時旧領土、外地にあった軍人・軍属、一般邦人の数は約６百50万（人）という多数に上っていたので、復員・引揚の実施と年々150万人に及ぶ自然増加によって、内地人口が急増することは明かであった。なお、終戦当時、旧領土・外地にあった陸海軍関係者の数は、昭和21（1946）年８月末の調査によると、第６表の通り、約348万人と推定された。それでは支那事変（原文ママ）以来の戦争によって、日本の人的被害は、どれほどに上ったであろうか。これを経本調によると、第７表のとおり、戦死・戦病死者、その他国内における戦災死者を含めた合計は約185万人に上り、これは昭和19（1944）年の総人口の2.5％という甚大なものである。　　　　　　　　　　同上　13頁
20)　1950年６月25日は日曜日であった。早朝、軍事境界線北緯38度線を越えて、朝鮮人民軍が韓国領内に怒濤の勢いで突如侵入したことで開始された朝鮮戦争は、1953年７月、板門店休戦協定調印まで３年以上に亘り激戦が続いた。当時、マッカーサーの占領下（1945年９月〜1951年４月）にあった日本は、国連軍（＝主力はアメリカ軍）が朝鮮半島で消費する武器弾薬・食料品・医薬品等の軍需品、兵員・その他物資等の輸送・補給・修理・治療機能等を担う作戦のために、後方にあって連絡・調整等の任務を一手に担うロジスティックスを引き受ける不沈兵站基地となった。本来、戦争は破壊・殺傷、混乱を大規模・組織的に実行する行為を本質とする非生産的行為であることから、兵站の本質も銃砲等兵器・弾薬等は固より、ガソリン、灯・軽油、重油、石炭等の燃料、麻袋、綿製品等軍需物資から、機械・車輌の

調達・修理、基地建設等役務提供等の戦闘継続に必要なあらゆる経済行為を必要とする。この結果、戦場である朝鮮半島に日本海を挟んで近接する日本本土は、実質アメリカ軍の単独占領継続下、従軍する進駐軍とその家族等が日本国内で行う消費活動等外需に分類される経済行為が展開される舞台になった。

　3年余りに及ぶ隣国・朝鮮半島2ヵ国の国民・人民にとっては、災厄以外の何ものでもない悲惨な戦争は、局外者である日本にとっては、膨大な貿易赤字を埋め合わせても余りある経済的利益を日本経済に齎した。このような戦争特別需要（＝特需）によって、敗戦直後以来、未曾有の混乱と不景気に呻吟していた日本経済は急速に活気を取り戻し、爾後1955年頃を起点とする高度経済成長期（＝1955年～1973年）に接続する〈資本の原始的蓄積〉を獲得する契機となる好景気が到来した。1950年代後半には、戦前の生産水準を回復した繊維等に分類される軽工業は固より、鉄鋼・機械・化学等の重化学工業部門を含む第二次産業に分類される鉱工業全般に及ぶ経済的発展が長期間に亘り継続する入り口にあたる、と位置付けられる（"日本株式会社"の形成）。なお、資本の原始的蓄積については、後述する。

21）　原田輝彦［2017］

　蒸気機関、紡績機械等当時では最新技術、最新学理・最新原理発見等を基礎に、現実の工業生産等に応用した機械の発明、生産方式の高度化・集約化等に基づく社会全体規模での生産 System の根本的変化と、それにより齎された経済・社会のあり方が根本的に（＝革命的に）変化した現象を産業革命と呼ぶ。イギリスの産業革命は1760年代から1830年代まで長期間にわたって漸進的に進行した。この他、イギリスに限らず西ヨーロッパ地域では産業革命に先行して、紡績・織布・工業機械等各種分野・領域での技術革新も広汎に見られた。初期段階にあたる繊維産業等専ら軽工業分野・領域で、動力源・熱源等として石炭が多用され、進行した技術革新に見られる時代を〈第一次産業革命（期）〉、動力源・熱源等だけではなく基礎原料に石油が、技術進歩に伴う電気化学応用範囲拡大等による重化学工業移行を〈第二次産業革命（期）〉、更には原子力エネルギーを利用する現代を〈第三次産業革命（期）〉と呼ぶ立場もある。〈工業化〉の観点から、この間の事情を述べれば、以下のような流れを行論の前提に置いて理解する学説もある、すなわち、経済体制＝生産関係の歴史的変遷と、それぞれの時代区分に適応する流れを対応させて理解せんとする立場である。

原始 →	古代 →	中世 →	近代～現代 →	近未来 →	未来
共産制	奴隷制	農奴制	資本主義	社会主義	？
自給自足	自由民（所有）	領主（所有）	資本家（所有）	国家（所有）	？
（階級なし）	奴隷（労働）	農奴（労働）	労働者（労働）	人民（労働）	？

※　私見では、私たち1970年代末頃までに大学教育を受けた世代が経済原論で講壇から論じられる内容を筆録すると、概ね標記内容で示される立場に基づいた経済体制＝生産関係の歴史的変遷に対する標準的理解であろう。しかしながら、1980年代末～1990年代前半に実際に起こった東欧革命、ソ連崩壊と市場経済化等々の結果パラダイムが大きく転換した将に歴史的事実に鑑みると、このような理解は些か naïve 過ぎる印象もある。

　イギリスで産業革命が始まった原因は、①港湾部に展開するリバプール等の都邑から鉄鉱石・石炭等近代工業発展に必要不可欠な鉱物資源がスコットランドと境を接するイングランド北西部湖水地帯に至る地域に賦存していたことと共に、王権神

授説等前近代的政治思想に呪縛されていた隣国フランス等とは異なり既に18世紀半ばには②清教徒革命（1642年〜1649年）・名誉革命（1688年〜1689年）等を通して政治的には君主が経済政策を決定する主導権を喪失し、郷紳等に由来する富裕市民階層による自由放任主義的営利活動展開に教会勢力（＝イギリス国教会 /Anglican Church）も、さほど抵抗を示さない社会・経済的環境が調っていたこと等が挙げられる。この他、大航海時代以降、オランダ・イギリス両国が商業主義化して行く全過程を通じて、③原料供給地、並びに市場として植民地獲得を果たしていたこと等も考えられる。隣国・フランスは、イギリス・オランダに遅れて北米（ルイジアナ、カナダ等）新大陸で植民地獲得に乗り出していた。

↓

（ⅰ）資本蓄積（＝原始的資本蓄積）、（ⅱ）他国に比較すれば、ビジネス開業、展開・発展に不可欠である資金調達　活動上の利便性が存在していたこと、（ⅲ）農業革命の結果—"羊が人を喰らう"。By トマス・モア、第2次土地囲い込み運動 /Enclosure 発生していた農村余剰労働力の存在等が挙げられる。

22）　象徴的には資本集約的生産要素の代表である生産機械（資本要素）を固定した場所＝工場に据え付け、決まった時間帯に職工（労働要素）を出勤させ、社会的分業（by Adam Smith『諸国民の富』1776年）により、高能率で商品製造に従事させる近代的生産 System を指す。

　　工業発展は、一般的には①家内制手工業に始まり、②商業資本である問屋から受けた発注を基に各々の家計で生産する問屋制家内工業、③工場に労働者を出勤させ、手作業に基づき商品生産に従事する工場制手工業（＝マニュファクチュア）に移行する。そして、④本件・工場制機械工業が社会 System 化される。工場という専用の生産現場で機械を使用する商品生産方式に移行した理由は、産業革命期に例えば蒸気機関改良を成功させたワットが、大量の商品を一度にそれまで行われていた方式と比較すると、無駄な手間暇をかけることなく、生産可能とする System 移行への道筋を工業技術的に提示したこと等を挙げることができる。

　　周知のように、18世紀後半に世界で最も早く工場制機械工業を導入したイギリスが「世界の工場」と呼ばれるに至った。今日に目を転じると、2001年12月、宿願であった WTO への加盟を果たした中国が1978年、鄧小平により起動せられた改革開放政策の下で、毛沢東時代には中国農村社会の基礎的構造を形成していた人民公社を解体して自然発生的に営利事業展開を開始した「郷鎮企業」が（ⅰ）家内制手工業→（ⅱ）問屋制家内工業→（ⅲ）工場制手工業（マニュファクチュア）→（ⅳ）工場制機械工業へと移行した現象が観察される。1980年代以降、2020年代にまで至る僅か40年間たらずで中国経済が凄まじい勢いで拡大し続けてきたことは、富強覇権国家を目指す現. 最高指導者・習近平が掲げる"一帯一路"政策を掲げて、"(偉大なる) 中華民族国家"形成を巡り、日本、ASEAN 諸国、インド、豪州、アメリカ等との間で現実化している軍事的経済的文化的政治的対立等に見られる通り、世界全体にとっても大きな脅威であろう。

　　21世紀20年代の今日、世界の工場は中国である。工業発展はマクロ経済規模で、当該の国家経済力を拡大して、富裕化する。中国が1968年以来、足掛け43年間に亘りアメリカに次ぐ世界第2位の経済大国であった日本を凌駕したのは2010年である。以後、日中間の経済格差は急速に拡大しており、現在の日本は遥か彼方に走り去った中国の背中を見送っている状況にある。

23) 世界で初めて産業革命が起こったイギリスのみならず、西欧・アジアでは日本を典型とする産業革命期に、工業部門でまず初期に現れた事業分野としては、綿糸・綿織物を中心とした軽工業が挙げられる。日本の場合、工場制機械工業移行前には、従来からの養蚕・製糸産地であった今日の群馬（上野）・長野（信濃）にあたる地域では、明治維新以降、座繰製糸（＝繰糸者が椅子に座った状態で繰糸を行う方法のこと。）に基づく家内手工業的生糸製造技術として、現在も行われている方法の中では、最も原始的方法によるものである。手回し式→足踏み式で動かす機具が用いられる。そのため原料も一般には上質の繭は使用せず、紡がれた生糸の品質は一般的には劣る。荷口も多量には揃わないので、専ら国内向けに下級太糸が作られている。座繰は、元々は東北地方で行われた胴繰、あるいは関東〜関西にかけて行われていた手引（工法）から発展した製糸技術である。江戸時代末期、安政開港による生糸貿易が急速かつ生産ロット上も大量に増加・拡大したことで急速に発達して、日清戦争が終了する1895年頃までは機械製糸を凌ぐ発展振りを示したものの、爾後は近代的な機械製糸外業部的な存在として行われるようになった。このように、労働集約型家内工業による富の原始的蓄積（注21参照）が行われた後、資本集約型大規模・高能率大型製糸工業機械が導入され、19世紀末〜20世紀30年代頃まで世界の輸出市場で大きなシェアを占めていた繊維産業を中心とする工業はナイロン66・ビニロン・ビスコース等合成繊維製造業、製紙等段階を経て、その後は資本集約的重化学工業／製銑・製鋼一貫鉄鋼業、電気化学、石油化学、窯業・土石製品（セメント）等に中心が移って行くことになる。

24) 1858年、ベトナム中部の港湾都市ツーロン／現. ダナンへの海軍陸戦隊上陸によってフランスによるインドシナ／仏印：フランス領インドシナ支配が開始された。東南アジア地域全体を見通せば、イギリスが1820年代以降、シンガポール支配を皮切りに、大陸部東南アジアの大半（シンガポール、マレーシア、ミャンマー／当時はビルマ）を、島嶼部東南アジアでもカリマンタン島：ボルネオ北西部等を勢力下に収めていた。次注25で記すように、島嶼部東南アジアではインドネシアをオランダが、19世紀末にはアメリカがフィリピンに覇を唱える等、フランスは19世紀半ば時点では"空き家"同然であったベトナム〜ラオス〜カンボジアに勢力を扶植して行った。19世紀後半〜20世紀前半末頃まで、東南アジア〜東アジアに代表されるアジア地域は、帝国主義諸国（日清戦争の終了後には日本を含む）の草刈り場の感を呈していた。インドシナ半島西部に位置するシャム／タイ1国が帝国主義諸国の間隙を縫う巧みな外交と自国近代化によって辛うじて諸国の毒牙から免れていた。

25) 1602年、ヨーロッパから東回り航路を取り、貿易を行っていたオランダの大商人達が共同出資（＝株式会社）して設立された東インド会社（〜1799年）は、同社商業活動中心地である東南アジアに於ける貿易活動と共に付帯する軍事活動の独占権を持ち、1619年、インドネシア（蘭印：オランダ領インドシナ）ジャワ島西部に商館を設置した。この地はバタヴィア／現. ジャカルタと呼ばれた。オランダによる蘭印、香料諸島／モルッカ諸島等の東南アジア支配、並びに日本・長崎出島、中国・上海等東アジア貿易の拠点となった。共同出資＝株券発行による額面金額払い込みは、社会に薄く広く存在する遊資を有限責任制度（＝株券に表象される出資金額を上限に、万一会社が支払停止等債務不履行に起因する残債務を当該株式会社が負担する事態に陥ったとしても、当該出資金を超える賠償責任を負わない法律上の

仕組み）の下で、1600年に世界で初めてイギリスで案出された（〜1858年）。1604年にフランスでも東インド会社が設立されている（〜1795年）。

26) 1898年、スペイン植民地であったカリブ海に浮かぶキューバが同国から独立することを求めて起こった戦争。同年2月、ハバナ湾内でスペイン軍により爆破されたアメリカ軍艦メイン号事件が起こり、アメリカ世論はスペインに対して報復を要求することで一致した。この流れで、アメリカ海軍はスペインが海軍艦隊を停泊させていたサンチャゴ軍港出入口を閉塞して撃破する等戦闘はアメリカが絶対優位の裡_{うち}に推移した。この戦争の結果、（ⅰ）1895年に宗主国スペインからの独立を求めたホセ＝マルティらが開始した独立運動は結実し、（ⅱ）カリブ海所在旧スペイン植民地であったプエルトリコと共に、（ⅲ）遠くアジア・太平洋に於いても、グアム島がアメリカ領に変更され、16世紀前半スペイン領となったフィリピンも2,000万ドルでアメリカに譲渡されるに至った（パリ条約：1898年）。

27) アヘン戦争後、1842年に締結された南京条約で認められた①香港島割譲、②賠償金支払、③華中・華南5港（上海・寧波・福州・厦門・広州）外国勢力に対する開港、④公行廃止が行われた。翌1843年には更に虎門寨追加条約・五港通商章程で、治外法権／領事裁判権、関税自主権喪失／協定関税制の採用、最恵国待遇等を戦勝国イギリスに与えた。特に、広州に於いて外国貿易に従事した商人の同業組合であった公行（広東十三行）の廃止は、清朝貿易が広東粤海関にて、特定仲買商（＝行商）だけに許可されていたため—1720年、海関監督の援助を受け、16の行商が同業組合を結成し公行と称した—、主要取扱商品の独占、価格決定等小商人を排除して貿易を独占したため、イギリスを主体とする外国商人団は営利活動遂行上の不利から開放された。しかしながら、これらの自国に不利となる諸障壁が除去されていたにも拘わらず、商人団は対中国商品輸出が順調には進まず、不満を蓄積させていた_{ほほほほ}。なお、翌1844年になると、イギリスによる標記内容と略々同内容を持つ取り決めをフランスと黄埔条約、アメリカとは望厦条約を締結した。これら複数諸国との間で締結させられた不平等条約が発効したことで、東アジアの大国であり、中華秩序体制の中心にあった中国が欧米列強諸国によって、軍事力の上からだけではなく、国際条約の上も屈服させられたことで、先行する東南アジア同様に、これ以後は更に東アジア諸国・諸地域が欧米列強諸国（19世紀第4四半期には、日本も加わる）による帝国主義支配の草刈り場に陥る転換点となったことが知られる。

28) 1856年、広州でイギリス籍を主張する商船に乗り組んでいた中国人船員が海賊行為を働いた、という容疑で清国官憲に逮捕される事件が起こった。イギリスはこれを口実に、領土的な野心を満たす—この時期、陸続きであるインドシナ半島東部ベトナム進出を図っていた—べく蠢動していたフランスと語らって中国に対する共同出兵を行った。この戦争をアロー戦争（＝第二次アヘン戦争）と呼ぶ。英仏連合軍は広州占領後、海路清国首都・北京の外港である天津に迫り、武力と共に国際法秩序に対する無力を露呈していた中国との間で、1858年両国に有利な内容を持つ天津条約を締結した。しかしながら、翌1859年、同条約批准書交換に向かっていた外交使節の北京入城を武力で阻止したことを奇貨として、イギリス・フランス両国軍隊は再度出師し北京に入り、円明園に放火・略奪を謀る等、乱暴狼藉の限りを尽くした。この結果、1860年には3国間で北京条約を締結し発効させたが、その内容たるや、アヘン戦争の後始末を約定した南京条約、黄埔条約・望厦条約を上回る清朝にとっては、苛酷な内容を含むものであった。すなわち、①諸外国公使の首都北京駐

在、②天津・漢口を含む11港追加開港、③イギリスに対する九竜半島南部割譲、④キリスト教宣教師を含む外国人の中国内地自由通行等であったが、後にアヘン貿易も公認された。前注27参照。

29) 帝政ロシアは19世紀半ばに入ると、東シベリア総督ムラヴィヨフの指揮下で、中国に対する領土的圧力を強化した。元来、中国（＝清朝）と帝政ロシアとの極東部に於ける国境画定は、1689年康熙帝とピョートル1世（摂政ソフィア・アレクセーエヴナ）との間で締結されたネルチンスク条約で確定していた。この条約は清とヨーロッパ国家との間で結ばれた初めての対等な条約であり、満洲（現・中国東北部）での国境を黒竜江・外興安嶺（スタノヴォイ山脈）の線で確定していた。しかしながら、1858年、ムラヴィヨフはアイグン条約により黒竜江以北を新たに清から獲得し、更に1860年にはアロー戦争に敗北した清の外交的無知に付け込んで、北京条約を締結して極東地域（極東ロシア）を獲得した。これらにより、帝政ロシアはオホーツク海～日本海沿いに広大な新領土を獲得し、軍港ウラジオストック（ロシア語で「東を征服せよ」という意味）を開いて太平洋進出の新根拠地とした。すなわち、21世紀も20年が過ぎ去ろうとしている今日、ロシア/1991年12月25日、ソ連邦崩壊後、独立国家共同体として新たに歩み出した今日のロシアは世界最大の面積を持ち（17,098,246km²/世界の陸地全体の約1／7）、日本の約45倍、アメリカの約1.7倍にも達しており、南米大陸全体の大きさに略々匹敵する。

30) 明治期の日本で、"後進世界に留まる停滞したアジア/亜細亜から脱出し、世界の覇権を握っているヨーロッパ/欧州に入り、列強の一員に連なる"ことを目的とする標語or思想として唱えられた。1885（明治18）年に『脱亜論』を著した福沢諭吉は「前近代的なものから卒業して近代国民国家になるべきだ。」という文脈で、辛辣に（東）アジアの連帯を否定し、①新興日本が新たに欧米列強の一員となるべきこと、そして具体的には②隣国である清国・朝鮮に対する軍事力行使も辞さない、と主張している。本文を抜粋すると、以下の通りである。私見では、明治日本を学問の上からも、慶應義塾を通じて教育の上から優れた人財育成を行った開明的な福沢が21世紀前半今日の標準国際感覚に照らすならば、なかなか受け入れ難い険悪な主張をしたことに意外な感じを抱く。

＞ … 今日の謀を為すに、我国は隣国の開明を待て共に亜細亜を興すの猶予あるべからず、寧ろ、その伍を脱して西洋の文明国と進退を共にし、その支那朝鮮に接するの法も隣国なるが故にとて特別の会釈に及ばず、正に西洋人が之に接する風に従て処分すべきのみ。悪友を親しむ者は共に悪名を免かるべからず。我れは心に於て亜細亜東方の悪友を謝絶するものなり。

『時事新報』に掲載　1885（明治18）年3月16日
福沢諭吉著　岩谷十郎・西川俊作編『福沢諭吉著作集』第8巻　261-265頁
2003年　慶応義塾大学出版会

31) 殖産興業は、明治新政府が西洋列強諸国に対抗すべく可及的速やかに①機械制大工業を興して、②鉄道網整備等を通じて資本主義を育成して行くことで、明治国家の近代化を急速に果たして行くことを目指した諸々の政策を指す。広い意味では、明治政府による標記政策発動以前19世紀半ば時点で、西南雄藩に於いて開明的藩主が個々に開始した近代工業化着手による藩経済の改革も含まれる。1854年3月31日。徳川幕府開国以後は、日本は西洋先進諸国の間に於ける彼我の圧倒的国力格差を実感することになる。明治政府成立後、具体的殖産興業政策の動きとしては、凡

そ以下の通りである。

　1884年、農商務省大書記官・前田正名の編纂になる『興業意見』発表以前にも、地租改正（1873年）・秩禄処分（1873年～1876年）に基づく税制改革が実施された。1870年、工部省設置（1885年廃止）と共に、欧米先進諸国から所謂「お雇い外国人」の大量採用。安政不平等条約改正交渉を当初の目的とした欧米先進諸国に対する岩倉使節団（1871年～1873年）派遣と同行した日本人留学生を通じた、後年に成果を発揮することになった各種産業技術移植等。1872年、官営鉄道（新橋～横浜間）敷設・開業、汽船会社発足。国内交通網近代化に着手。官営鉱山・官営模範工場等開設、運営事業開始（富岡製糸場：群馬等）。1873年、官営事業を統括する内務省（初代内務卿大久保利通）設立。北海道に開拓使を置き、屯田兵派遣。

　殖産興業と表裏一体であり、資本主義経済の移殖・発展に必要不可欠である金融制度については、1871年。新貨条例。翌1872年には国立銀行条例布告。1880年、軍関係（陸海軍工廠）を除く官営事業は、三菱・三井等の政商を代表とする対民間払下げ（岩崎弥太郎創設になる三菱合資。17世紀後半、伊勢松坂から出て江戸日本橋本町一丁目に呉服店を開設営業を開始した三井合名は、政府による有形無形の保護を受けて政商となり、財閥形成が促進された。この他にも金融業で財閥となった安田、関西を起源とする住友。これら三菱・三井・安田・住友の四大財閥が太平洋戦争敗北までの日本経済を主導することになった）。1882年、大阪紡績会社設立で近代紡績業確立。日清戦争（1894年～1895年）、日露戦争（1904年～1905年）両戦役後、日本の産業革命が本格化して、軽工業部門近代化に一応の目途が付いた。1901年には、日清戦争勝利に伴う巨額賠償金から、その一部を用いた官営八幡製鐵所操業開始。

↓

【開国前後～明治維新までの殖産興業状況】

　薩摩藩では1851年、島津斉彬（1809年～1858年）が藩主に就任すると、日本最初の近代的な洋式工場群建設・運営＝集成館事業を起こして後述する富国強兵政策に繋がる自藩経済改革に着手した。鉄製大砲製造に必要な材料を得るため、溶鉱炉の一種である反射炉の他、斉彬死去後1867年には日本初の紡績工場である鹿児島紡績所が創設された。佐賀藩でも藩主鍋島直正（1814年～1871年）が問屋制家内工業により生産されていた有田焼に代表される陶磁器から櫨蝋生産、石炭採掘にまで至る肥前佐賀藩専売制度が運営される等、直正は経済大名の異名が奉られた。これら経済から得られた収益を基に、直正は大砲鋳造を始めとする洋式兵備に力を注ぐ等、薩長土肥西南雄藩4藩が戊辰戦争を通じて江戸幕府を解体し、維新新体制を築き上げて行く上でも大きな役割を果たした。この他に、略々同じ時期に水戸藩・長州藩等に於いても、（ⅰ）反射炉の築造、（ⅱ）大砲の製造、（ⅲ）殺傷能力に優れた洋式武器・弾薬、軍艦輸入等、軍事力強化という物理的威力を高めることを目的とする政策が推し進められた。

　富国強兵は、殖産興業と両輪をなす国家経済を発展させて行く過程に於いて、同時に軍事力増強を促す政策である。前述の通り、鎖国を主要原因として狭隘な日本国内のみで完結する経済運営の結果、幕末期に入ると欧米列強から国力・軍事力等で大きな差が付き、1853年と1854年、2度に亘り開国和親を求めて艦隊を引き連れて江戸湾に現れたアメリカ海軍提督ペリーによって、結果として安政不平等条約締結を強要されたため、遥か後年1911年関税自主権回復に至る50年余りの間に亘って

多くの苦難を味わうことになった。本書に於いて富国強兵は、専ら経済学的観点から論じられているが、一面では〈富国強兵が必要である理由〉について、幕末期には開国派・攘夷派を問わず、共通認識が確立していたことを指摘しておきたい。「皇国日本に夷狄である欧米諸国からの外圧を排除する。」という攘夷論の根拠となった水戸学では、1854年開国時に先立つ早くも19世紀初期には、藤田幽谷によって富国強兵によって外国と対抗する必要が唱えられていた。これは経済力を日本が付けることで、先進欧米列強諸国からの経済的・文化的侮りから逃れ、対等に国と国同士の関係を結ばんとする意図があった。19世紀に入り、欧米列強諸国が頻りに日本近海に現れ、海防の必要性が高まっていた前史を踏まえた19世紀も70年近く経過した明治維新が断行されたこの時期に於いて、1840年～1842年にかけてイギリスによる中国に対する最初の帝国主義的侵略であった阿片戦争を嚆矢として注28で述べたアロー戦争等を経て軍事力で劣る国家が軍事力に勝る国家（群）によって容易に侵略され、植民地化されて行く現実を知悉していた明治新政府が危機感を強く持っていたことは、国際連合が組織され、集団的安全保障機能が曲がりなりにも機能しており、その結果として国家間のトラブル解決に際して容易に武力行使が行われることが少なくなっている2020年代では理解し難い、と筆者には思料される。

　しかしながら、社会的ダーウイニズムが流布しつつあった当時の現実としては、最終的には弱肉強食に帰着する武力＝国防力強化＝富国強兵政策が明治新国家として出発した日本でも受け入れられるべき政策である、とする国家認識は已むを得なかった。幕末期に著された論攷を見ても、例えば1856年、江戸幕府海防掛の職にあった岩瀬忠震意見書の中で「海外貿易ヲ振興シテ富国強兵ヲ推進スル必要」が説かれていた。彼の上席者である老中阿部正弘も、岩瀬のこのような考え方を採用する方針を立てた。1860年、横井小楠が著した『国是三論』の中でもそれぞれ「富国論」「強兵論」「士道」三論から構成されており、本注冒頭で挙げた「殖産興業と両輪をなす国家経済を発展させて行く過程に於いて、同時に軍事力増強を促す政策」を執るべきことが述べられている。1867年、岩倉具視（公家）が著した『済時策』の中で、富国強兵こそが「皇威官揚ノタメニ必要ナ政策」と説いている。これらを総合的に判断すれば、上述した「集団的安全保障機能が曲がりなりにも機能しており、その結果として国家間のトラブル解決に際して容易に武力行使が行われることが少なくなっている2020年代では理解し難い」論理に基づいた明治新政府成立後、富国強兵政策採用は至極当然であった、と思料される。その出自を辿れば、元々は嘗ての尊王攘夷派の主導によって成立した政権であったものの、その成立前後には当時の国際関係状況と共に、日本国内政治諸状況等を勘案した結果として当初の政治スローガンを改め、開国和親政策に転換して更に戊辰戦争に勝利して政権掌握後には、万国並立・万国対峙を掲げて列強に国力・軍事両面で追い付くことで不平等条約の改正―殖産興業の障壁除去―と共に、国家の保全を目指したことは十分な説得力を有している。

　実際に地租改正と殖産興業で、近代化開始後間もない新政府が経済力を付け、更に欧米列強諸国軍事制度調査を踏まえた国民皆兵＝徴兵制採用（1873年）、爾後の軍制改革による軍備増強（＝強兵）で、新日本国家の自立維持を図った。軍制については、陸軍は当初はフランス式。後には普仏戦争（1870年～1871年）にドイツ軍が勝利した結果、ドイツ式を模範とした。一方で、海軍は「太陽が没することがない7つの海に覇を唱えるイギリス」を模範とした。時代が進むに連れて、日本の国力

が一定水準にまで到達後は、明治初年以来の宿願であった不平等条約改正交渉成功と共に、先進欧米列強諸国と並ぶ大日本帝国を構成する植民帝国建設に邁進することとなった。

その具体的政策として、中国（1895年、日清戦争勝利の結果、領有した台湾を含む）・朝鮮・南方・樺太方面に対する経済的・軍事的進出模索が国策の第一線を構成することとなった。前述した不平等条約改正達成、日清戦争・日露戦争勝利がそれまでは国家指導者、一部知識人の理論・目標であった富国強兵政策を一般の日本国民にも領土拡大と経済的進出（＝将に富国強兵政策が成功した結果である）を個々人レベルにまで降りて来た現実として認識させた。明治初期以来、鼓吹してきた政策目標が、ここへ来て漸く一般日本国民にまで浸透するに至った。

最後に文明開化について説明する。端的には、明治時代到来後、怒濤のように西洋＝欧米先進諸国から日本に流入してきた西洋文明・文化によって日本人一般が従前から有していた諸制度、諸習慣が大きく変化した現象のことを指す。「西洋のものならば何でも良い。優れている。」という考え方が大手を振って一般民衆の間に拡散し、こうした盲目的な西洋文明・文化を有り難がる、という今となってみては誤りが明らかな雰囲気、認識であるものの、文明開化という言葉は"近代化＝西欧化"という概念に短絡して使用されることになる。この文脈に拠ると、文明開化＝一般に明治時代初期に、世相風俗が従前日本社会が停滞していた封建社会から見れば、大きく変わった時期を指して使われる。"文明開化"という用語自体は、1875年『文明論之概略』の中で福澤諭吉が"civilization"を和訳することで使用されたことを嚆矢とする、とされている。福澤が論じた"文明開化"は、後年に至るまで大きな影響を当時の日本の人士に与え、単なる〈西洋文化・風俗を模倣したもの〉から、後にはこれら諸々の概念から出発して〈西洋起源である様々な文化や風俗を手本としながらも、日本既存文化との融合を図ったもの〉、更には〈既存日本文化や風俗を西洋風にアレンジしたもの〉等、西洋館・擬洋風建築等西洋建築奨励にも繋がる多岐に亘る次第次第に日本全体で様々な社会階層に容認されて行く営みに通じて行くことであった。

明治初年、巷間膾炙した"散切り頭を叩いてみれば、文明開化の音がする"。これは「散切物」と呼ばれる歌舞伎芸能新形態発生等の場で見られた戯言であり、1871年『安愚楽鍋』の中で仮名垣魯文が著した「牛鍋食わぬは開化不進奴」＝「牛鍋を食わないとは、とんでもない時代遅れな奴」。このように明治維新以前には仏教思想に影響されて獣肉嗜好を禁忌としていた慣習の廃棄に繋がり、寧ろ進んで喫食すべきである、とする食文化変化等が大衆生活レベルにまで拡大して行った状況を垣間見ることができる。このように、明治新政府が推進した既述した殖産興業、富国強兵・脱亜入欧等に象徴される一連の政策推進と共に、散髪・和装から洋装への切り替え、上述牛鍋に限らず洋食一般の奨励等が行われたものの、明治中期（1897年頃）まではこのような西洋化推進現象は、専ら東京・横浜、神戸・大阪等の大都市部、あるいは一部知識人の間で見られた、という指摘もあって僻地に位置付けられる地方町村部では場所によっては、長らく続いた江戸時代以来伝承されてきた庚申信仰等、地方色豊かな各種風習継続等、生活変化には緩やかなものもあった。殊に、農事では1873年に太陽暦に切り替わった後も、播種・育成・収穫等田畑作物生産に適した江戸時代以前から使用されてきた太陰太陽暦が農業生活現場では長らく残存した等、明治政府が躍起になって実施した標記先進欧米諸国文化・文明の移殖

は、必ずしもオール Japan ベースで成功を見た訳でもないことを知る必要があろう。なお、西洋諸国から日本を訪れた人々にとっては、ともすれば裸体、男女混浴等江戸時代以前に日本人の間では特段の抵抗感なく受け入れられていた慣習は奇異に映りがちで、詳述してきたように西欧化を目指す明治新政府にとっては、最終目標に置いた不平等条約改正等を視野に置きながら、新日本を誤解されないためにも、日本土着習俗、俗信を悪弊・旧習と一方的に断じて、民衆の迷蒙を啓く諸政策を取った背景事情もあることに注意すべきでもある（例えば、七夕・初盆会等太陰太陽暦・農事暦で定められていた遊び日が改良された。廃仏毀釈と共に、1873年教部省通達により、山伏等による伝統的な加持祈祷。あるいはイタコ等によるシャーマニズムに由来する習俗が公的には認められなくなった。刺青、先住民族アイヌのイオマンテ（＝熊送り）等の禁止を通じて、琉球文化にも影響を与えた。→1872年、東京府布達違式詿違条例は屋外での裸体姿、理由無き女性の断髪を軽罪とした等）。こうした急速な西洋化推進の一端には、欧米先進列強諸国が植民地経営を通じて、植民地化したアジア諸国から莫大な富を収奪していた現実に対する危機感も見出される。すなわち、富国強兵政策の一環で西洋軍事制度並びに技術導入を説明したが、軍隊現場＝兵営では兵隊に求められる優れた腕力・体力等の強化目的で、軍隊食までも西洋化されていることに注目すべきであろう（地方農村部等を出身地とする次・三男は、米飯及び日本食で育ってきたため、これまでの食生活と比較すれば、あまりにも異質である西洋料理に対して受容不可能な者達も見られた。海軍で有名な米飯とカレーの組み合わせ、醤油味の肉ジャガ等和洋折衷料理開発等は、後年昭和時代に入る頃より、一般的家庭の味として広範に受容されるようになった）。

32）　以下 URL が参考になる。

　　ウィキペディア https://ja.wikipedia.org/wiki/ 第一次世界大戦

33）　以下 URL が参考になる。

　　ウィキペディア https://ja.wikipedia.org/wiki/ 日本の電力会社

　電力事業は官民を問わず、国民生活全般に必須であり、不可欠の事業内容を有する重要産業である。一方、世界中で規制緩和の流れが拡がったことから、それを受けて1951年、新体制発足以来、継続してきた地域独占も緩和された。2020年現在では、各電力会社営業管内を越えた複数会社が自由競争を行い、需要家を取り合うことが電気事業法改正に伴う電力自由化の結果、可能となっており、東京・大阪・名古屋等大都市を含む管内を従来事業領域にしていた各社が有利な電気供給契約条件を競っている事例が散見される。このほかにも、異業種からの電力事業参入も1995年、電力会社に卸電力を供給する独立系発電事業者（Independent Power Producer、IPP）参入が可能になったことから、更に大型ビル群等特定地点を対象とする小売供給についても特定電気事業者に認められるに至っている。これにより、異業種からの電力事業参入も相次いでいる。

財務報告

　電気事業者（特定規模電気事業者を除く）作成財務諸表は、一般事業会社に適用される企業会計原則に加えて、電気事業会計規則（昭和40年通商産業省令第57号）に準拠して作成される。具体的相違点は貸借対照表上の流動性配列法に代え、固定性配列法採用等がそれである。

日本に於ける主要電力事業者の例示

　2016年 4 月 1 日付電力小売全面自由化が実施された。同日付施行改正電気事業法

は、小売電気事業者、一般送配電事業者、送電事業者、特定送配電事業者及び発電
事業者に分類されている。後述旧一般電気事業者たる10電力会社は、沖縄電力は例
外的に一体会社として認可されたものの、これらは、2016年４月１日付で持株会社
体制に移行済みである東京電力を除き、小売電気事業、一般送配電事業、発電事業
３事業兼営の小売電気事業者、一般送配電事業者、発電事業者となった。東京電力
は、持株会社である東京電力ホールディングスへと社名変更し、子会社・東京電力
エナジーパートナー、東京電力パワーグリッド、東京電力フュエル＆パワーが小売
電気事業、一般送配電事業、燃料・火力発電事業を継承している。

34)　鉄道事業者は法で定める「鉄道事業の許可を受けた者をいう（鉄道事業法第７
条)」。

35)　日本と外国間で外航船舶を使用して貨物や旅客運送にあたる外航海運が重要であ
る。四面を海に囲まれている日本は、原油・天然ガス等エネルギー原料、鉄鉱石等
工業原料、小麦・大豆等重要食料を輸入に頼っている。原油99.6％、天然ガス
96.4％、小麦87％が輸入貨物である。
　　更に、日本は自動車・電気製品等工業製品群を国内生産して輸出により経済発展
している。このように、外航海運は貿易の99.7％を担い、将に島国・日本の生命線
である。
　　グローバル化は国際経済発展を齎している。この結果として全地球的規模で貨物
移動が活発化している。日本海運も外国巨大海運と激しい競争を繰り広げつつ、積
取貨物量シェア向上等海外へ積極的進出を果たしている。

36)　本注は『ウィキペディア』を参考に作成した。
　　旧陸海軍組織。兵器・弾薬等軍需品製造・修理を担当した工場を意味する。前者
は1879年、設置された砲兵工廠を嚆矢に、砲兵工廠提理が統括した。本廠・東京砲
兵工廠、支廠・大阪砲兵工廠の２箇所があった。1923年、陸軍造兵廠に改編され
て、長官が組織を掌握した。本廠は兵器考案・設計、長官直轄製造所管理、所掌事
務を行い、その後は名古屋にも工廠が増設された。火薬・爆薬製造を主体とする火
工廠が東京に、後に小倉・満州にも増設された。各工廠には小銃・砲具等製造所を
置き、火工廠は火薬製造所を置いた。本廠直轄製造所に小倉兵器製造所・平壌兵器
製造所があった。
　　海軍工廠は艦船・航空機・各種兵器・弾薬等の開発製造を行う海軍直営軍需工場
を意味する。海軍直営工廠は、航空機修理整備本務の空廠（航空本部所管)、火薬製
造・充填の本務火薬廠（艦政本部所管)、石炭採掘・石油精製本務の燃料廠（同艦政
本部)、軍服・保存糧食製造本務の衣糧廠（軍需局所管)、医薬品・医療機器製造本
務の療品廠（医務局所管）等から構成されていた。

37)　金属、機械工業を重工業とするならば、両者に化学工業を加えて重化学工業と称
する。しかし、外国では、重工業といえば金属、機械、化学工業を総称する（日本
の定義では、標記重化学工業を指す)。日本の産業構造は従来、重化学工業の比重が
低かったものの、第二次世界大戦後には殊に1960年代高度経済成長期全体を通じて
は重化学工業の比重が高まり、産業構造高度化が実現された。この結果として、輸
出商品全体に占める重化学工業品の構成割合も上昇した。この事実は、重化学工業
品が有する所得弾力性が軽工業品と比較すると、一般に高いことに基づく。

38)　政治権力者と結託して、ビジネス活動を受注することを主とする企業家をさす。
外国にも、この種事例は観察されるものの、特に日本では明治初期以降、官営事業

払下げ、許認可、指定等により事業規模拡大を通じて財力を高めた三井、三菱、住友、安田をはじめとする各種特権企業をさす。これは日本に於ける近代資本主義が、政府による一部特定特権企業を保護し、育成してきた結果として興ったことを意味している。

39) 以下 URL が参考となる。(一部を引用)
コトバンク https://kotobank.jp/word/ 日本資本主義 -1193030
19世紀末からアジアを舞台として本格化した帝国主義列強諸国間の角逐は、新興の日本資本主義をも巻き込んだ。日清・日露戦争勝利後日本は、台湾、朝鮮、南樺太を植民地化し、幕末の不平等条約を解消して自ら帝国主義化することを国家目標に措定し、ひたすら軍備拡張を図った。 しかしながら、そのために不可欠である重化学工業化は技術・資本の両面からも民間では担え切れなかったため、官営八幡製鉄所や軍工廠等政府直営で進捗させざるを得ず、日露戦争で蕩尽した巨額戦費償却負担等も加わって、日本資本主義は1907年恐慌以降、慢性不況と外貨危機に陥った。第一次世界大戦に伴う軍需経済好況が一時的に危機を緩和したものの、戦後1920年代には公共投資がマクロ経済成長の下支えを果たした一方で、民間部門では慢性不況が再現した。この過程で、三井、三菱、住友等の旧政商が同族持株会社設立による財閥コンツェルンに成長するとともに、綿工業等軽工業分野でも強固なカルテルが形成される等金融資本による独占体制が確立した。[柴垣和夫]

40) 以下 URL が参考となる。
コトバンク『世界大百科事典』第２版 https://kotobank.jp/word/ 総力戦 -1318859
ウィキペディア https://ja.wikipedia.org/wiki/ 国家総力戦

41) 国際法上、第一次世界大戦終結を目的に1919年６月、パリ郊外ベルサイユ宮殿に於いて、戦勝国連合国と敗戦国ドイツ間で調印された講和条約を話し合う際に開催された。連合国の中心であったアメリカ等数ヵ国はこの条約を批准しなかった。国際連盟創設（1920年）等、第一次世界大戦後、世界平和維持目的条項も存在したものの、その半面では、敗戦国ドイツに対する戦勝国フランス・ポーランド等に対する（ｉ）領土割譲、（ii）ライン川左岸非武装化、（iii）オーストリア合併禁止、（iv）全海外植民地放棄、（ｖ）ドイツ戦争責任追及を目的とする天文学的な巨額賠償等が規定された。講和に向けて、当初はウィルソン発表になる“十四ヵ条平和構想”とは隔絶した不公正条約で決着した。この条約は戦間期戦後世界に禍根を残し、ヒトラー・ナチ政権獲得（1933年）後、ドイツは1936年には一方的に条約廃棄し、３年後1939年には第二次世界大戦勃発を齎（もたら）した。

42) 1914年～1919年 /（第一次世界大戦：1914年～1918年。1919年はベルサイユ講和条約締結）にかけて、日本の輸出入総額は、大戦前比約４倍近くの水準に増加した。この基調下、国内貿易構造は従来の輸入超過から輸出超過に転換し、大戦期を通じた輸出超過（黒字）総額は14億円の巨額に達した。この結果、本文で記しているように、政府・日本銀行が保有する正貨準備額は大戦期間の1914年～1918年を通じて約３億4,000万円→約15億9,000万円へ4.7倍まで増加した。この結果、大戦前には11億円（1914年開戦直前時点）の海外債務を抱えていた日本は、戦後には債権国（1920年時点では27億円以上）となって、世界５大強国（英米日仏）の１国に仲間入りを果たした。

43) 明治維新後、医学・法学・軍事等ヨーロッパからの先進知識・技術・制度等を積極的に受け入れてきた日本は、第一次世界大戦で連合国の立場で参戦した。この結

果、同盟国のドイツからの科学技術・医薬品・工業製品等の輸入が杜絶した。日本は已むを得ず、これらを自前で開発せざるを得ず、戦争終結後に輸入は再開されたものの、空白期に国産技術により獲得したこれらの新技術は、日本の工業が全体として漸く当時の世界水準に追い付き、先進工業化が達成されることに寄与した。

44)　「その時歴史が動いた『鉄は国家なり～技術立国日本のあけぼの』」NHK　2007年
　　　近代国家は、18世紀半ば以降に世界で初めて産業革命を経験することになったイギリスで典型的に観察されたように、鉄道、海運等運輸事業は固より、工場、生産機械、商業施設等あらゆる分野でその基礎部分に鋼鉄を使用する有形固定資産が用いられることになった。殊に、19世紀半ば。1851年に近代の工業技術とデザインの祝典として企画・開催されたロンドン万国博覧会（水晶宮博覧会）では鉄骨に支えられた大型構造物が建造され、大型板ガラスを豊富に使用して作られた温室と共に、19世紀半ばの時点で既に"世界の工場"になっていた鉄鋼に基礎を置いたイギリスの工業力を誇示する格好の機会になった。

45)　以下 URL が参考となる。
　　　コトバンク　https://kotobank.jp/word/ 対華二十一か条要求 -1557507

46)　以下 URL が参考となる。
　　　コトバンク　https://kotobank.jp/word/ 南満州鉄道株式会社 -139197

47)　中国遼寧省にある製鉄会社。1918年、満鉄が鉄鉱石産地・鞍山に設立した鞍山製鉄所をその前身とする。採掘鉄鉱石品位は低く、当初未熟な銑鉄技術によると、低歩留り状態にあったものの、その後、新技術の還元焙焼法が開発されると、採算が向上した。1931年9月18日、関東軍の謀略によって開始された満州事変以後は、日本内地から進出した新興財閥による満州国（1932年3月～1945年8月）内重工業の根幹に位置付けられた。1933年に入ると、満鉄子会社・昭和製鋼所となり、採鉱→製銑→製鋼→最終製品の各種鋼材生産に至る一貫生産体制を確立させた。更に、1938年には満鉄資本から新興財閥日産系列満州重工業傘下入り後は（前注46参照）、1943年には年間銑鉄130万トン、鋼材45万トン生産する規模に拡大した。1945年8月、日本敗戦に至るまでの2年間は、①労働力逼迫、②鉄鉱石・原料炭入手不如意、③中国本土に展開するアメリカ戦略空軍による爆撃等もあって生産は急速に低下した。
　　　日本の敗戦後は中国政府が接収するところとなり、生産設備復旧後は年間生産量拡大に注力して、毛沢東政権初期には銑鉄520万トン、鋼材315万トンを計上した（第二次五か年計画初年の1958年時点）。その後も、製造能力増強合理化及び生産性向上が図られ、生産品目多様化が図られた。今日に於いても、2000年以降急速な拡大を見た中国鉄鋼産業の中でも、東北地方（＝旧満州）の中では最大製鉄コンビナートの一角を占めている。

48)　外国為替（当時は固定）相場最安値は、金解禁時期相場比半額程度を越える60％程度に達する日本円安を記録した。

49)　1927年、国会で片岡直温蔵相失言を引き金に始まった日本の金融恐慌→1929年以降の世界恐慌を通して昭和初年以来、経済危機と相俟って連年うち続いた不穏情勢を政党内閣が収拾できなかった結果、満州事変に端を発する軍事国家化に対する批判。そして健全な政党政治復活を当時の日本国民は求めなかった。

50)　経済原論（The Principles of Economics）：　＞…経済学とは「経済現象を研究する学問」である。原論とは「根本になる理論。また、それを論じたもの」である。

　　　　　出所：1976年度後期 九州大学経済学部講義ノートから一部のみを抜粋。
51)　　利潤追及を原動力とする資本が支配する経済体制のこと。その特徴は、①生産手段が資本家の私有となっていること、②労働力が商品化されていること、③商品生産が支配的であること、④生産は無政府的であることなどであり、歴史的には（ⅰ）重商主義→（ⅱ）自由競争的資本主義→（ⅲ）独占資本主義の３段階を取った。前注50及び資本主義に関する幾つかの辞書的説明を筆者が認識するところに従い、再説すれば、更に明確に理解できるのではないか、と思料される。なお、資本主義に関する明確な定義の一例として、参考として以下を引用しておく。

　　「封建制度に次いで現れ、産業革命によって確立された経済体制。生産手段を資本として私有する資本家が、自己の労働力以外に売るものを持たない労働者から労働力を商品として買い、それを上回る価値を持つ商品を生産して利潤を得る経済構造。生産活動は利潤追求を原動力とする市場メカニズムによって運営される。」
　　　　　　　　　　　　　　　　　　　出所：『デジタル大辞泉』小学館

　　　［原田］　　　私見は下記の通りである。

　　　　　　　　　　　　　　　記

　1．資本主義経済は、封建制以後に支配的になった生産様式を基にして形成される経済System である。マルクス、エンゲルス以降、科学的社会主義者が分析した定説によれば、蓄積された富や貨幣という素朴な意味での資本は、古代から存在する。しかしながら、資本主義は労働力を商品化して、剰余労働を剰余価値とすることで資本の自己増殖を目指し、資本の原始的蓄積を最上位に置く社会System に限定すべきだ、という見解もある。歴史的に観察すると、18世紀半ば以降に世界で初めてイギリスに於いて現れた産業革命は、生産様式近代化・高能率化（工場制機械工業と社会的分業の有機的組み合わせ―その背後には石炭を燃料とする蒸気機関改良による動力革命がある―）によって齎（もたら）された新たな商品生産System である。これによって出発した標記の生産様式である資本主義は、人間の労働それ自体を含むあらゆるものを商品化する性質を内在している。このような資本投下→生産→販売→投下済み資本の増加→生産→販売→投下済み資本の増加→…という繰り返しを通じて、剰余価値が資本家に階級的に蓄積される傾向を有する市場System として現れた。西洋経済史が教えるところによると、上述イギリスで典型的には観察された資本蓄積を強力に推進する近代西欧諸国家間で競合する世界System という姿を取り、現われた。具体的には古代以来、閉鎖された特定地域で、ごく局地的に存在する市場も確かに見られはしたものの、標記のように労働力さえをも商品化する資本主義に繋がる市場は、15世紀末のヨーロッパで誕生した（ルネサンス期にも繋がるイタリア等）。
　2．一方で、14世紀～15世紀に於けるヨーロッパ封建制度は、封建領主・教会勢力、騎士団等権威付けられた社会支配階層間で権力闘争が行われ、相互破壊行為を大規模に繰返していた。その帰結として、当時の社会基盤を形成していた土地制度に関しても、これら伝統的な既存秩序も弛緩して古来から固有の社会秩序は深刻な危機を迎えることになった。殊に、イギリスに焦点を絞ると、16世紀以降にエンク

ロージャー／（農地の）囲い込みにより開始された農業革命が manufacture/ マニュ
ファクチュア：工場制手工業の過程を通じ、産業革命が起こる18世紀半ばまでに至
る長期間に亘る"本源的蓄積"を推進して行く過程に於いて、第二次エンクロー
ジャー／（農地の）囲い込みを経験した。これらにより伝統的な農村社会内に、顕
在的・潜在的労働力人口が出現することになり、折からの人口増大期（1500年頃〜
1640年頃。及び1750年以降）を経て、生産様式標記近代化効率化を通じて獲得され
て行く超過利潤の蓄積に裏打ちされた gentry/ ジェントリー：郷紳層の誕生による
旧封建地主層が謂わば、なし崩し的にブルジョア化して行く歴史的展開過程へと繋
がって行く。

3．他方で、発展段階として未だ初歩的段階にあった西ヨーロッパ資本主義も、そ
の出発時から銀、塩、毛織物等々の重要な商品は国境を越えた商業活動が展開され
ていた。16世紀以降、ハンザ同盟等域内国際市場では、バルト海を囲む中核地域に
対して周辺地域から資本集中を見て本注前段で詳述した資本主義 System に共通す
る特徴を説明する中で述べた通り、農業革命と相俟った伝統的既存秩序弛緩の中
で、大陸ではフランスで典型的に見られる金銀等貴金属＝正貨蓄積こそが国家の経
済的繁栄に繋がる、とする重商主義が持て囃されるようになった。後年、19世紀に
至ると、島国イギリスと大陸諸国のひとつであるフランスで、名誉革命（1688年）
以降政治権力が新興商業資本家・産業資本家の合意を得なければ十全な働きができ
ない前者と、1789年の大革命によってブルボン王朝支配を打倒した。最終的にはナ
ポレオンがヨーロッパ大陸に新しい政治秩序を樹立した後者との間で、それぞれ政
治秩序形成のあり方に違いこそあるものの、ヨーロッパ諸国が近代国家制度形成上
で、必要な財政基盤を整えて行く原動力にも結び付いて行ったことに注意すべきで
あろう。

4．最後に1871年1月、プロイセン国王による国家統一まで領邦体制が継続した新
興ドイツ帝国では、保護貿易主義を唱えた当時の経済学者（歴史学派）リストによ
れば、イギリスに比較すると約100年遅く産業革命が始まった後進工業国ドイツで
は、まず国内幼稚産業の保護育成が重視されるべきであり、その結果として一定の
成果が得られた暁には自国内市場育成が可能となり、先進工業国と伍して行くこと
が可能になる等を主張した。ドイツも実際に19世紀末には相応の工業力を涵養する
ことに成功はしたものの、それを可能にしたのは、略々同時期に明治維新を迎えた
日本と同じように国内外の労働力を収奪的低賃金で使用し、自国工業部門生産性を
結果として優位に導く、という各種の経済統制を内包する歪な構造を有するもので
あった。

5．これら現象を経済学的視点から評価すると、①資本の原始的蓄積と市場との間
で生じる前述の重商主義的緊張関係は、Adam Smith が18世紀半ばに主著のひとつ
である『諸国民の富』の中で、「自由市場に於ける経済競争こそが個別企業資本の原
始的蓄積を促進する」ことを論証したことで、少なくとも理論的には決着が付けら
れたこと。②18世紀後半以降に、イギリスで展開された産業革命進行と歩調を合わ
せるようにして、（ⅰ）自由主義国家、（ⅱ）自由貿易、（ⅲ）自律機能を有する市場
機能、（ⅳ）本位貨幣たる金貨に基づく正貨が各国貨幣経済を規律する国際金本位制
等に象徴される「古典的な資本主義」が19世紀には確立したことになる。

6．しかしながら、19世紀末から20世紀を迎える頃には、イギリス経済—Pax
Britania—を新興ドイツ・アメリカ経済が徐々に凌駕する傾向が顕在化する時期を

迎えることになる。このような動きに従って、標記「古典的な資本主義」は徐々に変質してくることになる。すなわち、注レベルではこれ以上詳細な説明はできないものの、大きな流れとしては①第一次・第二次両大戦間に現実に起こった a．失業 b．大恐慌 c．金本位制崩壊 d．貿易障壁 e．帝国主義 f．民族主義 g．植民地の宗主国に対する抵抗と共に戦後は h．(旧宗主国からの) 植民地独立等が挙げられよう。これら新しい事実が出てくることからも推察される通り、19世紀頃までには見られた前述の〈市場と蓄積体制とに対する調和的理念〉は疑わしいものとなり、更には1917年11月、帝政ロシアを暴力革命で打倒し歴史上初めて現れたソビエト社会主義共和国連邦を嚆矢とする、一連の社会主義政治体制が現実に成立した。

　しかしながら、このソビエト連邦は74年後1991年12月には崩壊して、市場経済≒資本主義に移行して現在に至っている。このような資本主義→社会主義→資本主義への回帰を見た Marxism 弁証法的唯物論に由来する〈歴史の運動法則〉に背馳する動きは、如何に説明されるか？

　私見では、標記を含む②第二次世界大戦後にアメリカ主導により構築されたブレトンウッズ体制崩壊後、ケインズ型管理通貨制度、並びに有効需要政策と結び付く"混合経済の出現"、③市場と資本の原始的蓄積体制との間で新たな緊張関係を再び目の当たりにする今日、市場経済≒資本主義を巡る新たな言説が必要になっている、と思料する。しかしながら、筆者自身は現状では定見を見出すことが困難であり、苦吟していることを正直に申し上げる次第である。

52)　景気循環が後退局面に入ると、需要は減退して、生産・雇用・所得の減少が見られるが、これが recession/ 景気後退、不景気、企業倒産、失業が急激に起こり、大規模に発生する現象をさす。典型的には1929年、暗黒の木曜日（10月24日）アメリカ NewYork 証券取引所で突如発生した株価全般に亘る歴史上も最大規模の Crash が最も良く知られており、有名であろう。第二次世界大戦終了後は、各国がそれぞれの国内経済状況に的確な政策を取ることと共に、西側経済圏（＝アメリカを盟主とする資本主義経済圏）と東側経済圏（＝ソ連を盟主とする社会主義経済圏）とは、それぞれの経済圏の内部で国際協調に努めるようになった結果、見方にもよるが、講壇から学生に示される経済原論をはじめとする幾つかの学科目で説かれる典型的恐慌は略々観察されなくなっている、との説明もある。

　　　出所：金森・荒・森口ほか編著『有斐閣経済辞典　第5版』有斐閣　2013年

53)　19世紀末以降、先進資本主義諸国では、資本と生産の集積・集中に基づき成立した資本形態の1つとして、少数企業が資本力を集中し、更に生産と市場支配を強化することを可能とする資本形態としては、独占資本の成立を見た。カルテル、トラスト、コンツェルン、シンジケート等企業集中のあり方の違いにより、異なった用語・概念が用いられる。これら企業集中は独占資本が市場支配を通じて a．価格引き上げ、b．販売数量調整（談合）等超過利潤獲得を容易ならしめる不公正な事業活動が行われる、と説明されてきた。→　公正取引委員会 https://www.jftc.go.jp/dk/

54)　あり得る誤解を避けるため、筆者に所謂 "マルクス主義的な歴史進歩史観" には全面依拠する言説を取る意図がないことをお断りさせて頂く。

55)　この地名概念は、天皇がいます都＝国都として794年、桓武天皇による長岡京→平安京への遷都がなされて以来、明治維新に伴う東京遷都（1868年10月）まで長らく日本の中心であり続けた京都を頂上（＝上）に位置付け、徳川幕府政治の中心地で

あった江戸を下として、対置する意識構造に由来する。源頼朝が征夷大将軍に任ぜられて、東国・鎌倉に幕府を開いた1192年以降、大政奉還（1867年）に至る約700年間に及ぶ武士政権が継続する中にあっても、上方は古くからの経済・文化等、日本の中心地であるとする地名・言葉として広く用いられた。徳川幕府時代に、五畿内（＝大和国・山城国・摂津国・河内国・和泉国）と、三州（＝近江国・丹波国・播磨国）とからなる8地域を上方筋（かみがたすじ）と定義された。今日、関西地方を構成する二府四県／京都府・大阪府、兵庫県・奈良県・和歌山県・滋賀県がこの地域にあたる。江戸時代は、京都と大坂／明治改元前後に大阪へ改称．を、また広義には畿内＝近畿地方を指す語として用いられる。

このように近世初期まで上方が日本経済・文化の中心地であり、元禄文化も上方を中心に花開いた。上方言葉・上方三味線・上方浮世絵・人形浄瑠璃文楽等に代表される洗練された先進的な上方文化は、徳川幕府が置かれていた江戸との間で経済・文化交流の深化を通して次第に東漸して行くにつれて（＝江戸・関東下り）、次第に18世紀明和期頃以降になると、徐々に江戸特有の文化が開花して行く。このような過程を経て、19世紀初頭の文化・文政期に入ってからは、江戸が上方と並ぶ文化の発信地となった。このほか、代表的な上方文化に属するものとしては、上方舞・上方歌・上方落語・上方漫才・上方歌舞伎等もある。また、上方の商人として伊勢商人（三井家等）と近江商人（伊藤家等）の存在は大きいものがあった。

大坂については、織豊政権（概ね1580年以降1600年代半ば頃までをイメージしている）時代に豊臣秀吉は大坂城築城に合わせ、堺・伏見（山城）から町人を府内に集住させて、今日にまで至る商業都市に基礎を据えたことが知られる。関ヶ原の戦い（1600年）、大坂冬の陣（1614年）・夏の陣（1615年）で、豊臣家が徳川家康により討滅されて以降、大坂は江戸幕府の直轄都市として、大坂城代・大坂町奉行を設置して統治する体制が取られた。この点、江戸が武家を中心として、広大な領域を占有し、町人階層は限られた土地に集中する構造が観察されたところであったことで、専ら町人が幅を効かす大坂の特質となり、21世紀の今日にあっても、東京・大阪という日本を代表する大都市として、それぞれの持ち味は異なっている。地理的には大阪が西に大阪湾が大きく展開し、琵琶湖から流れ出す淀川等の水運にも恵まれた商業都市の優位性から、この地は（ⅰ）大和川の改修、（ⅱ）"水の都"と称される堀川開削・整備等による水上交通路整備が寄与して、四国・九州、関東・東北・蝦夷地方面から齎される各種商品等物資の集散地となり、程なく「天下の台所」と呼ばれるようになった。江戸開府以来、約100年が経過する元禄年代以降には、全国の各藩が中之島沿いに総数では約100にも及ぶ自藩交易倉庫である蔵屋敷が建てられた。貨幣経済の定着・振興が見られる時代が背景に観察される中にあっても、260余年に及ぶ江戸時代を通じて、米穀が経済社会基盤を担う「米本位制度」の下、世界に先立ち"堂島米相場"の名で知られる自然発生的に現れた商品先物相場取引も、多数両替商が参加する中で商業と金融が融合した近代経済取引の萌芽が見られる。

また、摂津／大阪府の大部分・兵庫県東部には、江戸時代中期以降に伊丹・灘・西宮等に立地している酒造業者が大消費地・江戸向けに「下り物」と呼ばれる日本酒をはじめ、米・菜種・木綿・水油（＝夜間照明に用いられる燃料）等と共に大坂へ一旦移入されて、その後樽廻船・菱垣廻船等内航海運を利用して各種商品が大量に消費地へ移出されていた。

56)　1603年、徳川家康入府により、現.中央区日本橋を起点とする"征夷大将軍のお膝元"と言える町づくりが開始された。1657年、明暦の振袖火事と言われる時期頃までに日比谷入り江埋め立て、府内各所土木工事／普請等が継続して行われた。爾後、幕末にまで至る260年間この土地が江戸幕府の所在地として、武家政治の中心を占めるに相応しく、継続して整備と市域拡張が図られた。

　　これら都市インフラ整備が進捗するに連れて、人口流入が累増する18世紀中期以降になると、新規外来者に対して地付の住民は自らを「江戸っ子」と意識する文化的気風が醸成された（前注55で「上方」について詳述したので、参照されたい）。この地が平安遷都以来、東京に天皇が移るまで長らく、日本の中心であった京都＝京師（けいし）を頂上とし、同地に集中する政治的・宗教的・文化的・経済的集積から現れる先進的上方の気風とは異なり、士農工商の強固な身分秩序の下で、江戸に100万人以上集住していた人口の構成割合は武士と町人（＝工商階級：職人、商人が大部分を占める）が相半ばしていた。一方で、土地の所有（使用）状況は、武家地60％・寺社地20％・町人地20％と「天下の台所」と言われる大坂と異なり、専ら社会の支配階層に属する身分的にも特権が認められていた上層階級に属する人々が多数居住していたことに特色がある。同時代、ヨーロッパに所在するロンドン、パリ等大都市人口集積と比較しても、100万人もの巨大な人口を（当時、日本の全人口は概ね3,000万人程度である。）有する江戸には、明治維新以降、京都から東京へ首都機能移転後も国家機能・経済の中心機能集中が一層促進されて現在に至っている。

57)　江戸時代（1603年〜1867年）を通して、堅持されてきた身分制度を表す言葉・概念である。身分構成は、最上層階級〜下層階級の順に①支配層に位置する武士＝士、②農業に従事し、当時の経済社会根底を形成していた米穀等生産を担っていた農民＝農、③西欧では、産業革命以後に出現した工場制機械工業、そしてそれよりも前に現れてはいたものの、資本主義的な生産形態にまでは至らない工場制手工業（マニュファクチャー）、あるいはそれ以前の問屋制手工業、家内で自営する職人＝工、④商人＝商から構成される。江戸幕府はこれら4階級を固定することによって〈生まれによる身分〉の維持・継続を社会秩序体制の上で根本とした。下世話な言い方としては「殿様の子は、痴呆者に生まれついたとしても、生まれたこと。ただ、それだけで殿様。商人の子は如何に知力が優れていたとしても、商人。」云々が建前とされた。本音としては実際には時代が下り、社会全体の生産力が上昇するに至ると、冥加金を支払い、たとえ元々は武士ではない階級に生を受けた人間であったとしても、武士階級に属する人間の特権であった苗字・帯刀、切捨御免等の"身分に基づく特別の恩典"を享受することも例外的には可能であった。

　　なお、京都等で古くから日本の政治的・文化的・宗教的身分秩序体系に起源を有する貴族階級（その頂点は正一位）等に関する位階・身分秩序等は、別途に存在するものの、本書行論に直接関連しないので、これ以上記述しない。

　　ウィキペディア https://ja.wikipedia.org/wiki/ 正一位　　　　2020/08/17　閲覧
　　ウィキペディア https://ja.wikipedia.org/wiki/ 勲等　　　　　2020/08/17　閲覧

58)　シニョレッジ /seigniorage
　　21世紀前半。既に2020年代に入った今日、マクロ経済変動はグローバリゼーションが深化し、不可逆的に国際経済が一体化していることは明らかであり、その論証に贅言は要しないであろう。これは、それぞれの国民国家が当該一国家内は言うに及ばず、国際経済取引無しでは営めない経済運営がこの現象が観察される大前提と

　なっている。このような今日の経済に比較すると、鎖国体制下では今日観察される
規模の大きさと貨幣流通速度には到底及び得ず、商品需給変動状況と貨幣相互との
間で鋭敏に反応しないことは当然であるとしても、財政赤字ファイナンスを目的に
徳川幕府が当時現に流通していた標記金貨・銀貨（大判・小判、豆板銀等、それぞ
れの貨幣本位価値を規定する貴金属）改鋳を行い、含有されている貴金属重量を減
少させ、同一重量通貨乃至軽量化した通貨を以て市中流通を図る政策が取られるこ
とがあった。
　標記シニョレッジ /seigniorage 享受を可能ならしめる本位貨幣について、説明す
れば以下の通りである。金（ゴールド / きん）の現物、あるいは銀の現物等、貴金
属がその本質として体現する価値を基にした金貨・銀貨、大判・小判・豆板銀等か
らなる金属貨幣が1930年代初め、世界各国で相次いで管理通貨制度が採り入れられ
るまでは、〈貨幣信用の究極的根拠〉として広く通用していた。換言すれば、これら
本位貨幣とパー / 同一価値を持つ重量を有する貴金属現物を兌換可能である金属貨
幣の持参人であれば、両替可能であることを前提に営まれる経済社会では、一般に
は豪も疑われることなく、交換価値・貯蔵価値・評価価値から構成される今日の貨
幣論に於いても説明される“貨幣信用論”の本質が展開されていたことになる。つ
まり「自明の事実」として信用されていた金属貨幣は、金銀等の貴金属現物重量
（＝金本位、銀本位）に保証されているため、市中の通用貨幣価値を究極的に保証す
る基準である、とする古来からの通貨制度こそが、管理通貨制度切換以前に於いて
は、ひとつの国民国家域内だけではなく、国境を越えた貿易代金決済等のあらゆる
経済取引行為も含んだ国際経済をも規律する貨幣制度の根幹が外国為替取引を通じ
て機能せしめられていたことを意味している。
　日本の場合には、江戸時代にあって江戸を中心とする東国経済圏では金が、大坂
を中心に西国経済圏では銀がそれぞれの経済圏域に於ける本位貨幣であった。江戸
時代初期、1641年平戸にあったオランダ東インド会社商館が長崎・出島に移設され
たことを以て完結した、とされる日本国内だけで経済活動が実質的に完結する閉鎖
構造が見られるようになった（＝鎖国の完成）。本注で補足・詳細に説明しているシ
ニョレッジ /seigniorage ＝悪貨改鋳は、実は過去・現在・未来に亘って貨幣制度を
支える信用の根幹が経済社会＝市中に通用している通貨単位を用いて、典型例とし
ては売買に表象される商品購買力が受け手・出し手等の間で、繰り広げられる経済
済引（＝決済）にあたり、双方共に納得する通貨価値が究極的に維持されているか
否かを巡る議論に帰着する。
　重要概念であるため、煩雑を厭わず、敢えて貴金属（重量）を信用の根幹と定め
る本制度に関する言説を再説すれば、凡そ以下の通りである。
　一国貨幣制度の根幹を成す基準を金（きん /Gold）と定める如上の説明通り、金
本位制度の中で、更に狭義では本位貨幣を金貨そのものとする“金貨本位制度”が
知られている。具体的には、江戸幕府が金座（きんざ：今日では日本銀行本店が位
置する日本橋本石町界隈に立地していた）に於いて特権的に金地金から貴金属貨幣
を鋳造し、金貨＝大判・小判が現物流通過程で最終的には金座に環流して来る貨幣
を溶解する際に、環流時には確かに含有されていた本位貴金属重量を減少させたと
しても（＝出目：でめと言う）、同価値で無制限通用力を与えた制度ということにな
る。
　これは“本位貴金属重そのものを貨幣として、経済社会に流通させる仕組み”に

ほかならない。通貨発行者（＝ここでは江戸幕府）が出目獲得の誘因としては、（ⅰ）市中経済活動総量に見合うだけの本位貴金属重が得られないことと共に、（ⅱ）莫大な税外収入を容易に獲得させること等があった。話の種としては、市中流通で自然磨耗／今日、経済行為に伴う決済目的での金貨発行は行われていないものの、現に流通している500円・100円・50円・10円・５円からなる政府補助通貨＝各種硬貨の外縁にギザギザが刻印されている理由は、個人ベースで当該硬貨を切削して重量を減少させて、当該減少分を横領（領得）して市中貴金属商人に持ち込むことを通じて、不当利得獲得を抑止せんとした名残りと言われている。→ "悪貨は良貨を駆逐する。" グレシャムの法則。18世紀後半以降、西欧諸国で中央銀行が金地金交換を保証する兌換紙幣、並びに本位金貨に見合う小額補助貨幣が流通していたことも、貨幣価値を金に裏付けていた（＝金地金本位制）史実を知っておくことは、本位貨幣変化に伴い、管理通貨制度へと移行してきた貨幣論に於ける重要論点を深く理解する上でも有益であろう、と思料される。

59) 両替及び金融を主な業務とする商店、商人を指す言葉。洋の東西を問わず、古来以来、国境（＝今日的意味での国民国家相互の国境だけではなく、日本では64州／旧國名で分割された国内国境も含む）を越えた貿易・移出入は盛んであり、外貨両替、金融などを扱う両替商が多く存在した。幣制／貨幣制度が明治以降、日本銀行（1882年開業）により統一されて行くまでの日本は、一般に（ⅰ）金使い（＝きんづかい）の関東以遠と（ⅱ）銀使い（＝ぎんづかい）の関西以遠と同一国民国家の領域内にあったとしても、本位貨幣とする貴金属が異なっていた結果、商業取引で授受した貨幣を関東圏・関西圏とそれぞれの経済圏域内で専ら通用する貨幣に取り換える＝両替する商売上の必要性が存在していた。今日、メガバンク３行の源流を構成する旧都市銀行のうち、幾つかは本章で取り扱う江戸時代にまで遡及できる両替商の末裔である。

【例示列挙】

三井住友銀行：三井呉服店を始祖に持つ三井財閥由来の銀行＋銅精錬事業で財を成した住友財閥由来の銀行が2001年統合して成立した巨大銀行。

みずほ銀行：慶応・明治・大正期に、両替商から出発した安田財閥の機関銀行・富士銀行が第一勧業銀行、日本興業銀行と2002年に統合して成立した巨大銀行。第一勧業銀行、日本興業銀行は、明治期に起源を遡るものの、富士銀行とは異なり、それぞれ日本政府の肝煎りによって設立された日本勧業銀行、旧日本興業銀行を前身の一つにする旧特別銀行である。富士銀行と同じく、商業銀行であった第一銀行とは、出自と資本系統を異にする。本項では詳述を避ける。

Ⅳ　戦後の日本経済

1　占領下の日本経済

　前述した通り、アジア・太平洋戦争は日本の敗戦に終わり、日本は連合軍
（＝実際はアメリカ軍による単独占領の下に置かれた。アメリカ軍＝GHQ/
General Head Quarters of Allied Forces：連合国軍最高司令部）は、マッ
カーサー大将の指揮下で経済民主化を急速に推し進めて、財閥解体・農地改
革・労働改革等が実施された。日本経済は、占領開始時点では壊滅状態に置
かれていたことから、マイナスからの復興を余儀なくされることとなり、本
書主題である日本開発銀行（発足当初、日本興業銀行内に置かれた復興金融
金庫）が政府資金を吸収する財政投融資制度の一環として、全国津々浦々に
展開されている郵便局ネットワークを経由して集められた国民一般の零細な
貯金を大蔵省資金運用部に預託して供給される原資と共に、1949年春、ドッ
ジラインで新規投融資を停止されるまでは専ら復興金融債券を発行して、経
済復興の基盤である当時の４大基幹重要産業（＝鉄鋼・海運・石炭・肥料）
を対象工事とする傾斜生産方式を金融経済の立場から支える役割を担った。
しかしながら、復興金融金庫投融資は当時の全国間接金融残高３／４程度を
超える巨額政府資金を占める等持て囃されたものの、原資として発行された
復興金融金庫債券が日銀引受とされ、急激な通貨膨張の原因となり、激しい
インフレを引き起こした（復金インフレ）。

　1948年、GHQ は経済安定９原則を指令し、政府信用の無秩序かつ急激な
増加を収束して均衡予算（民間に対する投融資等専ら復興金融金庫による政
府資金供給をも含む）に基づいた占領下日本経済の健全化を模索した[60]。

2　経済成長とその要因

　一国に於ける長期ベース時間経過に着目した経済社会全体の、特に量
的[61] 規模増進を総称する概念である経済成長は、第二次世界大戦が終了後、

早くも80年近い長い歳月を閲している今日では先進国・発展途上国・（後
発）開発途上国は固より、経済体制を大きく異にする資本主義（≒市場経
済）、社会主義を国是とする諸国の区別を越えて、各国・各地域[62]が追及す
る最大・最重要政策の１つとなって久しい。経済成長率それ自体は国民所
得・資本ストック、国民総生産等経済諸量によって計測される成長速度を記
述する方法として注目・議論され、経済政策を所管する政府としても、財務
省・経済産業省、内閣府・金融庁等経済官庁は固より、金融政策を掌る中央
銀行の日本銀行が現実にベースマネーを供給する。複雑で高度に発達した現
代経済を語るには、余りにも断定的であり、粗雑な印象を読者諸賢に持たれ
ることを筆者は畏れるものの、経済成長は一国が１年を掛けて新たに稼得す
る付加価値の総計である GDP/Gross Domestic Product：国内生産を拡大す
ることなしに達成できない[63]。このように SNA ではフロー概念で計測され
る付加価値総量が前年度→当年度→翌年度→…と時系列で増加（減少）して
いくことは、景気変動状況、経済規模等ストック概念で計測される諸々の経
済状況残高増減と相俟って経済の拡大　or　現状維持　or　縮小等を雄弁に
物語ることになる。こうして経済成長率は当年度ストック / 前年度ストック
×100（％）という考え方に従って算出される（＝年間ベースでの経済規模
増減率は、物価変動を勘案しない場合には名目成長率として、勘案する場合
には実質成長率として表現される）。

3　高度経済成長とその終焉

　1950年代半ば（1955年頃）以降、敗戦直後直面した商品不足を乗り越えて
始まった日本の高度経済成長は、第一次石油危機[64]が突如起こった1973年
秋を以て終わりを告げる。経済白書が「もはや戦後ではない」と先述した通
り、高度成長期の前半にかけて日本経済は量的拡大を先行させた。これは戦
災により破壊され、マイナス状態からの復興を余儀なくされた製造業全般が
戦時中欧米先進諸国との相互交流関係が途絶した[65]ことに伴う技術水準陳

腐化と共に、戦前までの老朽設備が結果としてスクラップ化され、後継設備について戦勝国となった欧米連合国に於ける最新鋭設備[66]を新規投資せざるを得ない状況にあった。製造業全体に於ける技術革新が起爆剤ともなって、この間高度経済成長時代全期間を通じて、①設備の大型化、②大量生産、③大量消費を基調とする経済の量的拡大が急テンポで進んだ。具体的に幾つかの代表的事例を以下に述べる。何れも、既存施設近代化と共に、海岸部を大規模に埋め立て、日本では所要量確保が困難で工業的自給が不可能な鉄鉱石、原油等大型バルク外航船（油槽船を含む）を運航して、専ら外国産出地域から大規模に太平洋ベルト地帯臨海部[67]に新設した製造設備が主体となっている。以下、日本政策投資銀行（日本開発銀行時代1950年代から1970年代にかけて）が通商産業省（現. 経済産業省）等との協議を経て実行した夥しい工業近代化融資実績案件から、標記を象徴的に現していると思料される2業種を例示的に列挙する。

（1）鉄鋼業：製鋼段階でのLD転炉[68]と大規模な臨海型銑鋼一貫製鉄所の新設[69]。

（2）石油化学：室蘭、鹿島、川崎、富士、水島、岩国、水島、四日市などを例示する[70]。

このように急速な工業化が進んだ日本経済も、1971年8月、アメリカ大統領ニクソンが（ⅰ）金ドル兌換を中止し、（ⅱ）米国に各国からの輸入商品に対する課徴金が賦課された（ニクソン・ショック）ことと、（ⅲ）固定為替相場制度下、1949年4月以来、1ドル＝@360円と実勢価格より幾分円安で設定されていた為替レートが1ドル＝@308円と16.88％切り上げられる等、景気循環に伴う多少の経済変動はあったものの、基調としては右肩上がり一辺倒で推移してきた日本経済は大きな曲がり角に差し掛かった（ブレトンウッズ体制の終焉）。更に1973年秋、第4次中東戦争勃発に伴い発生した第一次石油危機で、安価にかつ実質的に供給制約がなかった輸入石油についても、一挙に価格が4倍に跳ね上がり、OPEC/Organization of Petroleum Export Community：石油輸出機構が石油を対イスラエル戦争（アメリカ等

の親イスラエル国家を含む）戦略に援用して輸出割当が行われるに至った。
この結果、日本経済はその時点で第二次世界大戦後最も深刻な不況に陥り、
狂乱物価と称される年率30％を超える消費者物価上昇が引き起こされ、イン
フレと不況が同時に発生した（スタグフレーション）ことで、1974年には日
本経済は▲1.4％と戦後初めてのマイナス成長を記録した。経済成長不振は
税収悪化を齎し、1975年日本政府は戦後初めて赤字国債の発行に踏み切り、
これ以降歳入欠陥を赤字国債発行で賄うことが常態化した。この年は2020年
の現在にまで通じる財政悪化の始まりとなった。

　これにより、1955年以来18年の長きに亘って続いた日本の経済高度成長は
終焉を迎え、ストックベース日本経済の拡大は大きな制約を受けるに至っ
た。

4　安定成長〜バブル経済〜失われた20年

　第一次石油危機直面後の日本経済は、過度の石油依存経済が国運を左右す
る重大結果を齎すことを是正する必要に迫られたことから、省エネ・省力化
政策を国是として乱高下する石油価格に耐えられる工業製品生産技術革新・
開発に全力を尽くすことになった。日本政策投資銀行（当時は、日本開発銀
行）も、石油代替エネルギー利用促進融資等、通商産業省（今日では経済産
業省）等と共同しつつ、新たな政策科目を設定する等、政府資金による日本
のマクロ経済構造変化を後押しした。この結果、従来までの資源多消費型素
材産業に代わって、高付加価値化が実現された加工組立型産業が国内実体経
済を支えて行く構造に転換されて行った。

　1979年、パーレビ国王が追放されて、イスラム原理主義色が強い政権（宗
教指導者ホメイニ師）が誕生したイラン革命の結果、またしても第二次石油
危機が勃発した。欧米等他諸国には、第一次石油危機に比肩する経済危機が
再び見られたものの、標記のような経済の構造転換に成功した日本では、他
先進諸国と比較すると経済に対する悪影響は小さかった。しかしながら、2

度の石油危機を乗り切ったとは言っても、回復した景気は従前までの状態と比較すると、マクロベースでは低下したままであり、GDP 成長率も年度・年度で多少変動はあるものの、3％〜5％程度と高度経済成長期8％〜10％程度に達した水準にまで回復することはできなかった。→安定成長期

　1985年9月、ニューヨークで開催されたG5（＝日・米・英・仏・西ドイツ）で、財政・貿易と双子の赤字に悩まされていたアメリカは、標記諸国通貨と自国通貨ドルとの間外国為替レートを切り下げ、輸出・輸入価格変更による不均衡改定を要請した（プラザ合意）。これは、対日経済関係に深刻な影響を齎した。すなわち、標記政策により高額化した石油価格に対して、逸早い対応に成功した日本経済の国際競争力は高まり、鉄鋼（素材産業）、自動車・電気製品（加工組立型産業）を中心に為替操作も実質的には奏功せず、日本からの対米輸出が急速に増加した結果として、アメリカは引き続き巨額貿易赤字を計上することとなった。このように、輸出入状況の著しい偏りに基づく関係諸国間に於ける政治・経済上の軋轢は、一般に貿易摩擦と呼ばれる。

　プラザ合意後、輸出主導で経営されていた中小企業はじめ、大企業についても、急速な円高が定着する過程で予見された経営危機を予防すべく、政府・日本銀行は円高不況に備えて①内需拡大政策と共に②低金利かつ潤沢な資金供給を実施して、企業部門に対するコスト削減努力に報いる政策を総動員した。これらに加えて、円高による企業部門の原材料価格低下等もあり、日本経済は遅くとも1986年末頃には、この不況から脱出することに成功した。

　また、高度経済成長の終焉は、組織肥大化・異様な内部労使関係等に伴う非効率な業務運営による財政状態悪化を見直すべく、公的領域（＝統治機構を除く現業政府関係機関が中心）で戦後日本経済に大きな役割を果たしてきた政府組織であった公社制度が見直され、民営化後はそれぞれNTT、日本たばこ産業、JRとなって効率経営がなされている[71]。

注

60)　本書前半部で詳細に述べている。

61)　ここでは1992年以降は GDP/GROSS Domestic Product：国内総生産を、それ以前は GNP/Gross National Product：国民総生産という貨幣量で数量的に表現される量的規模ベースでの経済活動総量をイメージしている。経済成長は一国の、あるいは国境を越えた広大な共通経済圏を以て１つの地域とする経済統合域内に於ける最大の経済政策目標とされている。

62)　現実の国際政治状況を問えば、（ⅰ）中華民国台湾省を自認する台湾と前者を決して容認することなく、"ひとつの中国"を国家の核心的利益に関わる命題と捉える大陸・中華人民共和国との相互関係、（ⅱ）朝鮮半島を北緯38度線を境に、1948年以降同一民族・国土分断継続中の大韓民国、朝鮮民主主義人民共和国との相互関係等が挙げられる。このほか、国境を越えて国際経済・政治機構の一体化が進んでいる超国家的な関係として、（ⅲ）欧州27ヵ国が Member State（s）を構成し、国民国家の１つであるベルギーの首都・ブリュッセルほかに首都機能を置く EU/European Union：欧州連合が最も国際経済（政治）統合が進んだ地域として認識されている。更に（ⅳ）ASEAN/Association of Southeast Asian Nations：東南アジア経済諸国連合、（ⅴ）NAFTA/ North American Free Trade Agreement：北米自由貿易協定、（ⅵ）MERCOUSUR/ Mercado Comum do Sul：南米南部共同市場、（ⅶ）AU/ African Union：アフリカ連合、（ⅷ）GCC/ Gulf Cooperation Council：湾岸協力会議等々、2020年現時点で数多の地域に於いて市場経済レベルでは、それぞれ精粗の差こそあれ、一体化が進んでいる。これらの動きは、第二次世界大戦終結後、アメリカが基本的には堅持してきた国際政治の基本思想が自由貿易・自由競争・自由経済（＝資本主義経済≒市場経済）を基調とする開放経済政策を世界規模で促進することを重視した結果、世界経済一体化が急速に進んだ結果である（2020年11月、再選を拒否された異能の大統領トランプは例外である）。

　　しかしながら、"America First！！"を呼号して自国第一主義をあらゆる局面で強引に牽引する2017年１月、第45代アメリカ合衆国大統領に就任したトランプ（共和党）が政策転換後は、内向き政策に転換しており、国際経済一体化＝Globalization が一本調子で前のめりする機運は一頓挫している。

63)　経済活動計測にあたって、フロー面で最も重要される指標。経済活動を全体として把握するためには、国民経済計算体系/SNA:System of National Account に基づき作成される一連の統計が不可欠である。SNA を一言で説明すると、毎年一国内（一地域内）で発生する生産・消費・投資等で現されるフローの概念と年度初め、半期末、年度末等のある一定時点で計測される経済的蓄積水準を意味するストック概念とに基づき計算される国連統計である。

64)　第４次中東戦争：1973年10月６日、エジプト・シリア両軍がイスラエルに対し、その、６年前に起こった第３次中東戦争の結果、同国に占領された領土奪還を目的としてスエズ運河、ゴラン高原正面に展開するイスラエル国防軍（以下イスラエル軍）に対して攻撃を開始したことを発端として開始された戦争のことである。イスラエルはアラブ側からの奇襲を受けたことにより苦戦を強いられたものの、自国予備役部隊展開完了後は、建国以来の友好国であるアメリカによる支援もあり、国連停戦決議による停戦が成立した時点ではイスラエル軍は逆にエジプト・シリア領に侵入していた。戦争中に行われたアラブ石油輸出国機構（OAPEC）による親イス

ラエル諸国に対する①石油禁輸措置と、それ以上に②石油輸出国機構（OPEC）による4倍にも達する石油価格引き上げは、第1次オイルショック（第1次石油危機）を惹起した。この結果、日本をはじめとする諸外国に多大な経済混乱を齎した。

65) 第一次世界大戦（1914年～1918年）中も同様の状態に直面した。すなわち、日英同盟の誼から連合国の立場で参戦した日本は、敵である同盟国ドイツから大戦前には導入してきた優れた先進工業技術等を国内に導入することが困難となったことから、電気・化学工業分野での技術革新に遅れを生じることになった。

66) 例えば、（ⅰ）造船業では船殻／ブロック溶接工法、（ⅱ）鉄鋼業ではストリップ・ミル－鋼板（厚板）から帯状薄（鋼）板（ストリップ）製造工程で用いられる連続式圧延工法、（ⅲ）自動車製造業では、オートメーション化による高い能率を示す大量生産方式導入、（ⅳ）民生用家電製品製造業等では消費者直結製品生産ラインでの流れ作業本格導入による多品種大量生産方式等生産設備近代化と共に、（ⅴ）戦時中には敵性製品であり、入手困難であった米デュポン社が創製したナイロン66によるストッキング等が挙げられる。このように、高度経済成長期に見られる去年より今年、今年より来年と、消費者物価上昇はあるものの、国民所得全体も毎年毎年右肩上がりで増加した。すなわち、物価上昇を補って余りある国民所得の増加が観察されたことから、たとえ労働分配率が変わらないとしても、1世帯あたり@平均所得累増という歴史的事実は傾向としても、高度経済成長期全体（約19年間 1955年～1973年）を通じて可処分所得が長期に増加している。このことは、日本全体で一定水準の原始的蓄積を終えた高度経済成長期前半期に工業を中心とする産業が（細部を見ると、自ずから精粗はあるものの）産業界が全体としても右肩上がりで利潤獲得可能となった構造を現している。

　政策としても通商産業省／現. 経済産業省が主導して各産業所管各省（原課）による国家的優先目標に掲げた個別産業に対する（ⅰ）特別償却制度創設や損金算入経費増嵩等の税制上での取扱（大蔵省・国税庁と協調）等による産業振興政策は固より、（ⅱ）日本開発銀行による長期低利資金供給等政策金融が各種産業振興に大きく寄与した。

　　　→投資回収年数短縮、設備平均耐用年数調整等による事業会社意思決定促進
　このように、生産技術・工法だけではなく、@単位時間当たり生産効率と共に、投資回収上有利となる標記買い手の購買力向上も与って、事業会社各社による最新鋭設備新規投資が促進されることになった。この時期に「投資が投資を呼ぶ」と言われた原因には、このようなカネの流れの促進を可能ならしめるマクロ経済政策効果による所が大きい。

67) 太平洋ベルト地帯とは、広く茨城県～大分県まで日本の太平洋岸を連接する帯状の工業地帯・工業地域を指す。1960年、池田勇人内閣が打ち出した国民所得倍増計画を策定する経済審議会産業立地小委員会報告に於いて京浜・中京・阪神・北九州から構成される既存四大工業地帯に、戦後復興期を経て高度経済成長が本格化する過程では、連接する工業集積地域を新設すべきである、との建議が産業界と協調して政府によりなされた。この決定を受け、1960年代全期を通じて徐々に連接する帯状の工業地帯・工業地域が形成されて行った。"太平洋ベルト地帯"というネーミングは、瀬戸内海沿岸～静岡県に連接する広大な領域に新しい工業地帯を形成することにより、ベルト状に連なった太平洋沿岸地域全体を工業立地中核地域化する"太平洋ベルト地帯構想"が提唱されたことに由来するものである。

　　所管官庁・通商産業省（現．経済産業省）統計によると、厳密な定義規定は見出せないものの、茨城県～埼玉県～千葉県～東京都～神奈川県～静岡県～愛知県～岐阜県～三重県～大阪府～兵庫県～和歌山県～岡山県～広島県～山口県～福岡県、大分県。香川県～愛媛県に至る領域が太平洋ベルト地帯にあたる。更に、南関東～九州北部に亘るさいたま市～千葉市～東京都区部～川崎市～横浜市～相模原市～静岡市～浜松市～名古屋市～京都市～大阪市～堺市～神戸市～岡山市～広島市～北九州市～福岡市等工業・商業の両面で大中規模都市（平成の地域大合併後は、主なる各政令指定都市）が連なっており、これら都市群（＝メガロポリス）全体を繋ぐ地域を総称して指すこともある。

68）　転炉（てんろ：converter）は、製鉄所設備の１つであり、鉄・鋼等の金属精錬専用炉を意味する。銑鉄から炭素を除去し、鋼鉄にするための設備である。鉄鉱石を製錬して得られる銑鉄から、更に品質を上げて製品付加価値を付け、最終ユーザーに引き渡す工程で使用されることが多い。転炉精錬法発明者の１人である英人Henry Bessemer（1813年～1898年）により名付けられた“銑鉄を鋼に転換する炉”、つまり「転換炉／converter furless」に由来する。回転可能である炉＝転炉という俗説は、本来の意味ではない。製鋼用転炉は製鉄所、特に（ⅰ）鉄鉱石を溶解して銑鉄を製造する高炉工程、（ⅱ）銑鉄を処理して鋼鉄にする転炉工程、（ⅲ）得られた鋼鉄を鋼板や鋼材にする圧延工程から構成される＜銑鋼一貫製鉄所＞で用いられる主要設備の一つである。

　　鉄の性質は含有炭素の量で大きく変化する。つまり、鉄鉱石溶解後、直ちに引き出した銑鉄は、含有炭素が多いために、脆くかつ可塑性が無い。このため、叩いたり、曲げたりすると割れてしまう（鋳物のイメージ）。しかしながら、銑鉄から炭素を除去すれば、強靭な鋼鉄に変化する。すなわち、可塑性に富み、曲げたり、延ばしたりする次の工程／加工を経ることによって、例えば鉄道用レール／軌条、商船・軍艦等造船で使用される厚板or薄板、自動車鋼板、橋梁、土木、鉄骨・構造材等最終製品となる。このうち、LD転炉は純酸素上吹転炉と呼ばれる。1952年オーストリア／リンツ Linz、1953年ドナウィッツ／Donawitz 両工場で工業化されたため、両地域の頭文字２字を取ってLD転炉の名がある。工程は、炉上部から水冷ランスで高圧酸素を炉内溶銑中に吹き込んで製鋼する転炉であり、所要時間約30分という驚異的短時間で低燐・低酸素良質鋼が得られるところに特徴がある。このいうに生産性が高く、従来型平炉、底吹転炉に代わる製鋼炉の主体となった。大型のものでは容量200～300tにまで達する。第二次世界大戦後、復興・再生させた日本が当時世界最高水準で、一流の鉄鋼業を築き上げることに成功した原因は、（ⅰ）最新鋭（輸入）技術に裏打ちされた銑鋼一貫臨海製鉄所を擁し、次注69で詳述するように（ⅱ）巨大専用外航船を海外原料採掘地から、これら製鉄所構内埠頭に接岸させ、直に高炉・炉頂へベルトコンベアーで陸揚げし、同じく還元用燃焼炭も無用な横持ち運賃負担もなく適時適切に必要量を供給する経済合理性を徹底して追及した体制整備を行うことに成功していたこと等があげられる。

　　戦後日本は、世界に先駆けてLD転炉を全面的に採用し、これを発展させることにより製鋼技術世界一の地位を確立することになった。初期のLD転炉では、精々約30t程度しか溶銑を入れられなかったものの、近時最新鋭の、純酸素底吹転炉では、その10倍にあたる約200～300tにまで達する膨大な溶銑処理能力を有している。これら最新鋭転炉で鋼鉄生産１プロセスに要する時間は、概ね30分程度と言わ

れている。以下、具体的に記す。

　同じ鉄鉱石である、とは謂っても、輸入元鉱山の違いによって自ら鉄鉱石ロット毎に含有される不純物の量・質等は微妙に異なる。従って、転炉運転現場では現実の状況に合わせて、事前計算済みである消費総酸素総量の95％程度を吹き込ませた時点で一旦酸素吹き込みを停止する。その後、センサーによる炭素濃度・温度を測定後に再計算を行い、ユーザーから要求されている各種製品スペック毎に検収可能な品質を獲得するために残り酸素吹き込み量を再設定する。その後、転炉操作員がセンサー、コンピューター等を使用しながら、転炉内の状態を見極める。

　このように、肌理細かな製品管理を行った上で、各個の工程を終了させる。日本の高品質鉄鋼製品は、このようにして要求水準を満足させる上で、可能な限り製品スペック上の誤差を少なくする努力がなされている。…

　日本開発銀行在勤時、某社臨海製鉄所工場実査時、配布パンフレットから要約一部抜粋した。

　　※　現実的には転炉内で起きる化学反応は非常に複雑であり、また　精錬温度や炭素濃度等の正確なリアルタイム情報も取得し難い。センサーやコンピュータから得られる情報も活用するものの、最終的には操作員の経験と勘に頼っているところもある。

69)　1960年代初頭、従来大量に使用されていた石炭から石油へ切り替えが行われた（エネルギー革命）。これは第二次世界大戦中、旧宗主国・イギリスの技術と共に、戦後はアメリカ、オランダ等から巨額借款が供与されて中東地域で新たに発見された大油田が相次いで経済採算を確保できるようになった。この結果、中東から遙か遠く離れた日本からも、開銀融資で新規建造された巨大油槽船（たとえば、出光興産・日章丸等）をペルシャ湾に運行させたとしても、原油価格それ自体＋＠輸送原単位あたり運賃を加えても、従来用いられていた石炭調達価格よりも安価に需要地である日本国内への輸入が可能となった。日本政府も、当時世界各国でも進み始めていたこのようなエネルギー源の切り替えを容認するところとなり、炭鉱閉山が政策として決定された。→燃料革命

70)　前注69で明らかにしたように、石油が主たるエネルギー源として日本国内にも定着していった理由の１つとして、その物理的性質がある。固体である石炭は体積があることから、炭鉱から消費地へと移送する際だけではなく、保管貯蔵時にも広大な場所が必要であり、燃焼後も燃え殻が残る等相応の廃棄コストも掛かる。一方、原油＝石油は液体であって、巨大油槽船タンクに流し込むことで荷扱いも石炭に比べると容易である。燃焼後も大気中に放散されるので、後処理にも手が掛からない。また、石油は燃料用途以外にも化学製品生産原料として（たとえばプラスチック、人造繊維等の多品種大量生産販売商品等）にも使用されていること等から、現代経済社会に欠くことができない資源として重要な機能を維持している。

71)　電電公社及び専売公社（（1985年）1986年）。国鉄は1987年。これら３公社民営化された後に、同じく政府部門の５現業についても組織形態見直しが行われて現在に至っている。

V　金融経済について考える

1　貨幣と市場経済

　今日の経済社会は基本的に以下の構造を持っている。すなわち、社会の全体構造が単純で、狭い地域内 or 限定された近隣する他地域内の間で物々交換に基づく生活者相互間で営まれる物資（商品）[72] 取引段階に留まる状況は、歴史学研究成果によれば数千年前までには終焉を迎えた。時代が下るに連れて、経済社会の高度化が進み、本書で取り上げられている20世紀後半以降現代に於いては、①私有財産制度[73] が経済社会の在り方を規定し、②市場経済を構成する家計・企業・政府から構成される３つの経済主体内部 or 主体間で貨幣を使用することを通じて、③消費・企業活動・財政機能が一国内では当然のこととして、④グローバリゼーション[74] が高度発展を遂げている今日では、国境を軽く越え、物理的距離としては遠く隔たった異なる地域が相互に社会的分業を行っている状況が普遍的な現象として観察されている。つまり、個々の人間や企業・非営利組織[75]、そして各国・地域経済共同体[76] 等、あらゆる経済主体相互の間で比較生産費説[77] に基づく理解に立つならば、マクロ経済状況を反映しながら、ある特定生産物（＝商品）がそれぞれ得意とする生産に特化し、他の経済主体と売買取引[78] を中心とする貨幣使用による "社会的な物質代謝"[79] を行っていることになる。この過程全体を通じて観察される営みが社会的分業である。換言すると、市場経済≒資本主義経済は社会主義[80] 経済とは異なり、前述した私有財産制度下、社会的分業が行われる経済である。

　このように、私有財産制度と社会的分業が機能している状況の下では、各経済主体が生産した商品 or 役務／サービスは、他の経済主体によって生産された商品 or 役務／サービスと貨幣交換を通して有償で交換されることになる。この過程で行われる商品 or 役務／サービスは、（不）特定多数（少数）の売り手と買い手とが出会う市場を構成する[81]。無償贈与、所有権放棄等特別なことがなければ、商品流通には必ず価格が形成され、取引が成立す

る。その際、決済には必ず貨幣が使用されることは、今日では当然の前提である。それでは、肝心の貨幣の本質とは何か？

　これは本書全体を通じ説明される課題であるものの、基本定義は以下の通りである。

> 　発生史的に見れば、貨幣とは間接交換過程で一般的に用いられ、取引決済当事者間に於いて普遍的に受容される財貨である。当該効用に着目し、平易な表現では「人々の間を通用するようになった財貨」＝通貨ということになる。殊に、信用経済が高度に発達して、商品売買取引に化体される有償交換が経済社会の中で様々な媒体が、貨幣が本来有する3機能[82]の1つである支払手段として通用することが知られている。具体的には（ⅰ）銀行券（わが国では日本銀行券。お札）、（ⅱ）政府補助通貨（鋳貨。硬貨）、（ⅲ）要求払預金等が挙げられる。このほか、近年では電子情報化された少額前払通貨である（ⅳ）ICカード、プリペイドカード、デビットカード等の電子マネー、Smartphone端末決済等が各種商取引代金決済も社会的に広汎に承認を受けており、（ⅴ）カード会社による所定の信用情報取引審査を通過した顧客を対象として、当該顧客が開設している銀行預金口座等を通して顧客が負担する買掛債務を一定期日に一旦決済して、後日当該債務を取り立てるクレジットカード等がビジネスとして成立している[83]。

　ところが、ここで観念される貨幣は、個人取引としては標記定義で説明される内容で概ね十分であるものの、本書全体を通じて説明される巨額資金決済を特徴とする企業金融現場や、中央政府（地方公共団体等の地方政府を含む）取引の場で現実として必ずしも使用されていないことが大半である。寧ろ金種毎有り高を厳密に勘定し、枚数が嵩むと移動・保管が困難である重量に達する硬貨や、市中流通過程で汚損が進む銀行券等を用いるよりも単に取引銀行預金口座残高付替によって債権債務決済[84]を完了させることが通例である。銀行等金融機関を経由するこのような付替取引は、具体的には日銀

ネット[85)] を経由することを通じて、日銀当座預金口座取引開設金融機関同士が営業日毎に実施する全ての個別資金取引を各銀行等が運用している勘定系サーバー上で、個別資金取引明細を1件残らず時系列悉皆ベースによって確実に記録することを前提に構築した事務処理 System を基にすることで、個別資金取引に二重三重の正確性を担保させ、総額処理で決済尻を合わせるが実務上利便性が高いこと等による取扱が一般的である。銀行受信業務・為替取引業務に代表される取扱は、専門性・正確性・迅速性が実務を通じて高度に運用されている。

2 　貨幣の機能

2-1　市場経済社会で貨幣が果たす役割

　1　貨幣と市場経済で述べた通り、商品有償交換＝典型例は売買取引時。に決定される価格が決定される mechanism を説明すると、以下の通りである（一般論であり、例外も存在する）。

貨幣は商品有償交換〈商品→貨幣〉過程では、民・商法上は所有権移転確定[86)] のために、〈買い手→売り手〉へと売買という法律行為を完成させるため不可欠である資金決済を履行する意味を以て授受される過程を経由して受け渡しが行われることが通常である。この場合、買い手が売り手に対して支払う金額は、如何にして決定されるか？

　それは、貨幣が誰でも安心して受け取る普遍価値を有する機能[87)] を持つことが社会の一般構成員全体によって共通に認識されていることが前提条件になる。つまり、その場合には黙示的・明示的に任意の特定財（消費財、生産財等）が有する内在的な交換価値が相場 or 消費者物価水準等に照らし、買い手・売り手の双方共にとっても一取引成立に際しては、双方共に駆け引きが当然に有り得ることは言うまでもないが一授受される貨幣額（＝値段 or 価格）の大小が納得できる水準にあるか否かが決定的に重要である。す

なわち、今日では諸財の交換価値が貨幣価額により測定されるため、当該価格が〈一般的価値尺度（＝物差し）〉と比較しても納得できるか否かが、取引の成否を決定する、ということである。具体的に言えば、財Ａ、財Ｂと財Ｃ。３つの商品が存在している、と仮定する。財毎の価格がａ＞ｂ＞ｃの順番で値付けされていたとすれば、買い手が個別に有する相対価格であり、売買対象商品価格である主観的価格は単なる比率でしかないことは別にしても、客観的価値から見た場合には支払うべき貨幣の絶対量であるため、経済学的にはａ＞ｂ＞ｃの順番で価値付けされることになる。この場合、価格が価値尺度を表すので、絶対価格とも言う。

　このように、貨幣は今日経済社会が高度に発達を遂げている私たちの日常生活に余りにも深く、広範に浸透しているが故に、標記抽象的・観念的〈貨幣論〉を弁じるよりも、著者は物々交換が経済社会の中で、文字通り商品（取引を行う両当事者間では、相互に納得可能である交換行為を納得可能な行為として規律し、秩序付ける文脈に於ける“商品”とういう意味である）と価値の相互関係が如何に認識されていたのかを平易な例（複数）を挙げながら説明して行くこととする。

　物々交換の世界で、経済取引が開始されるに至る動機については、以下のように説明される。逆説的に「貨幣が存在しなかった時に於ける物々交換の世界」をイメージする。海岸に住んでいるＡが山地に住んでいるＢとの間で、Ａの手許にはあるものの、Ｂの手許にはない商品がそれぞれ存在している、と仮定する。Ａは丸木船を沖合に漕ぎ出して漁を行い、50kgの魚を得た。Ｂは山に入って狩猟を行い、手許に25kgの猪肉を得た。そして、Ａ・Ｂ双方共にそれぞれが単独消費できる以上の数量の魚と肉が手許にある。このように異なる２種類の商品が存在する場合、果たして物々交換は如何にして現実に成立し得るか。成立しない。異なった時期に、異なった場所で、異なった嗜好を持った相互に未知で、初対面である利害関係上対立する両当事者が冷蔵設備が物理的に普及していない環境の下で、50kgの鮮魚。25kgの猪肉。腐敗速度如何であるにしても、このような物々交換がまず現実的に成

立する蓋然性は限りなく低い。と、こう考える方がまずは妥当であろう。

2－2　銀行が貨幣を商品として取り扱う理由

　教科書的風にこの論点について述べる。筆者が嘗て金融論未修者を対象とする大学院講義で使用した分かり易く、標準的な内容が展開されている教科書である石原・忽那 [2013][88]。以下、過剰とならない範囲で必要部分を引用する（p.117）。

> ＞　金融という制度―銀行の役割とは何だろうか―

　多くの大学生がどこかの銀行に自身の口座を持っているのではないだろうか。アルバイトで得た収入などをすべて現金で持ち、銀行に預金していないという人は、例外的であろう。親元を離れて一人暮らし学生であれば、公共料金の支払いを銀行口座からの引き落としで決済している学生も多いだろう。e コマース（たとえばアマゾン・ドット・コムや楽天）を利用して商品を購入したときなども、銀行口座からの（自動）引き落としや、クレジットカードによる支払いを多くの人が利用している。クレジットカードによる支払いは、自身の銀行口座からの引き落としによって決済される。［引用終わり］。

　標記説明が明らかにしているように、高度に発達した貨幣経済 System を前提にしている日では、internet 等を通じて銀行口座を開設している original の場所から、例えば海外旅行で遥かに遠く離れた滞在先に設置されている ATM/Automatic Transaction Machine：（全）自動現金出納装置から電子的に取引情報を口座開設銀行支店 server に接続して、On Line にて可能払い出し現地通貨換算自国預金口座残高範囲内で旅行者である個人が金融取引を行うことが日常茶飯事となっている。このような便利かつ確実な金融取引は、ここで例示した個人を相手とするだけでなく、金融経済取引の現場では遥かに巨額かつ頻繁な利用者（社）である企業を相手とするが事業活動と密接に関わる資金取引全般を個別取引毎・時系列ベースで 1 円の間違い

もなく、正確かつ迅速に実施する社会的 System として円滑に機能すること
が要請されている。このような購買・販売等決済資金のみならず、今日の巨
大化しており、物理的国境を軽々と越えた実体経済活動展開に基づいて発生
する財務取引[89] を記録し、実在勘定 a/c 残高として確実な支払可能情報を
提示する金融経済 System を銀行が運営していることを知らないで、現実に
business 活動を営むことはできないことは多言を要しないものと思料され
る。

3　金融取引とそのパラダイム変化

　2020年9月、首相交代が行われ、新たに菅首相が誕生したが、新総理は
「アベノミクスの継承」を唱えている。折悪しくもコロナ禍第3波が襲来し
たこともあって、新総理の経済政策が当初目論見通りに進捗するか否かは判
然としない。

各論 / 金融仲介機能の変化について～法人企業の資金調達動向変化

　企業活動実施には当然のことながら、事業資金調達が必要となる。製造業
の場合、製品生産に必要な原材料、電気・ガス等燃料費、労務費等が、非製
造業の場合には、販売商品仕入れ、店舗、什器・備品、車輛運搬具取得（所
有権移転を伴わないリース取引の場合）、倉庫賃借費用等を始めとする諸費
用、事業リストラ資金等運転資金捻出が必要である。一方、既存設備関連資
金、工場・販売拠点等の新増設・合理化、新規事業進出等に付随する設備資
金も必要となる[90]。このように、企業活動は性質を異にする各種資金に関す
る（ⅰ）金利、貸付期間、物的担保提供を求められる場合には登記費用[91]
等の財務費用、（ⅱ）安定した事業活動継続に必須である現金ベース資金繰
り等を総合的に勘案して[92]、以下に述べる通り、様々な資金調達活動を行っ
ている。

企業資金調達は、内部金融と外部金融の2種類に分けて検討されることが通例となっている。

すなわち、事業金融実務世界では「カネに色目は着いていない」ので、（ⅰ）当該企業全体で調達運用している財務状況審査を通じて（貸し手は当然のこととして、借り手も同様に注91で示した部署が担当する）調達・運用、返済を検討すると共に、近年では（ⅱ）財務資金活動を担う事業部門単体で独立した財務状況審査を行う事例も増えている[93]。

　前者は文字通り、当該企業内部に留保されている資金を財務活動に充当する金融方法であり、後者は内部留保＋ a にて、当該企業の財務活動上必要な資金を確保する金融方法である[94]。両者共に共通する「内部留保」とは、当該企業の PL/Profit and Loss Statement：損益計算書上、税引後当期純損益から社外流出する配当金、利益処分による役員賞与を控除後、資金流出を伴わない減価償却費等を戻入して算出される Cash Flow（実額）である。後者の具体的方法としては、①銀行等金融機関からの借入である間接金融が典型例であるが、この他にも②資本市場を経由して証券会社等金融仲介機関を通じた社債[95]、CP[96] 等発行手取金（資本市場仲介・自己勘定等を経由して顧客注文による金融商品を調達した場合には、証券会社に代表される Dealer は取引成立対価としての手数料を天引控除後の現金を買い手に支払う）を供給して外部資金を調達する方法もある。

　企業によるこれら資金調達は、財務会計処理上、BS/Balance Sheet：貸借対照表に複式簿記で a. 借方　現金／貸方　負債 or b. 借方　現金／貸方　資本の何れかで記帳される。a. の場合、債権者には現金の相手勘定である負債勘定に記帳された債務＝負債を約定に基づいて弁済期限までに必ず元利合計全額返済義務を債務者たる企業は負っている（金銭消費貸借契約→負債金融）。それに対して b. の場合は、現金の相手勘定は返済義務がない資本勘定に記帳され、内部留保として会計処理される（→自己資本金融）。財務安定性の観点からは、a. よりも b. による資金調達の方が望ましいことは言うまでもない。企業はこのようにして、様々な金融手段を検討し、現実の企業活

動に必要な資金を調達して行くことになる。第二次世界大戦後、日本に於ける企業金融状況を概観すれば凡そ以下のことを指摘することができる。

　第1に経済活動拡大に伴い、企業セクター使用総資産の増加傾向が認められる中で、自己資本金融が占める割合が増加している。歴史的には1955年〜1973年秋、第一次石油危機勃発まで続いた高度経済成長期に企業活動が増勢して行く現象が見られた。企業は業種、時期により多少の繁閑はあったものの、全国ベースで右肩上がりの需要に対応すべく活発な設備投資と共に[97]、旺盛な増加運転資金需要が観察され、金融市場は常時慢性的に逼迫していた。この時期、政府・日本銀行は1947年に制定された臨時金利調整法[98]を基にして、市中金利水準は市場実勢に任せることなく、人為的に低位に抑えられていた。上述したように、企業活動の要諦はある特定の事業部門に適用される財務コストとして、調達金利＋事業運営コストを上回る運用利回りを獲得するところに存在する。高度経済成長期に観察された旺盛な設備投資を支えたのは、このような政府・日本銀行に誘導された財務戦略による低金利事業コストも寄与した。

　しかしながら、1970年代に入ると、1971年8月15日、当時のアメリカ大統領ニクソンが突然表明した当時の既存世界秩序を変革した2つの大きな方針転換[99]を行ったことと共に、本書前半でも説明したように、2度にわたる石油危機（1973年、1979年）による国際経済大混乱を契機として、足掛け18年間にわたり続いた高度経済成長時代も終了した。この結果、企業のさしもの旺盛な設備投資意欲も減退し、以後はバブル経済期（1986年〜1990年）に旺盛な新株発行による日経平均株価が史上最大の高値[100]を付ける等、相場高騰が見られた時期もあって、直接金融による資金調達がブームを迎えたものの、爾後（じご）は基本的に株式市場を中心とする金融証券マーケットは需給環境繁閑による相場変動で好・不況を繰り返して現在に至っている。地合いとしては、バブル経済崩壊後この30年にわたって日本の潜在成長率が0％台前半を上下していること等もあり、企業の内部留保による自己資本金融が増える状況が指摘される[101]。

　第2の状況として、外部金融のうち、銀行借入に代表される間接金融由来の資金調達構成比が1990年代後半以降顕著に減少していること等が挙げられる。この原因は、マクロ経済レベルでは上述した通り、①日本経済が全体規模で低成長が継続していることと共に、②貸し剥がし・貸し渋り[102]が横行して少なからざる数の中小企業・零細会社、個人自営業者の経営行き詰まり、倒産等不幸な事態が頻出した。これら銀行を中心とする債権者側の対応は、資金融資を受ける債務者の側からすれば、ある日突然、前触れもなく、あるいは詳細理由開示を得られることもなく、債権者である銀行等金融機関から、事業継続・拡大推進に欠くことができない日常運転資金を含む借入金（例えば、手形決済資金見合で開設している当座預金残高と手形債務相殺もその1例であろう）について、新規貸し増しはおろか、既実行・資金交付済[103]借入であったとしても、一部期限前償還＝一部繰上弁済を要求されることが社会経済活動の現場で強行されることに繋がった、ということである（資金の全額回収は、貸し剥がしと呼ばれる）。

注

72)　販売を目的として生産された財、役務（サービス）を商品という。商品売買（＝物々交換を含む）は、『旧約聖書』（「ノアの箱船」記事）にまで遡る古い歴史的起源を有する。資本主義≒市場経済社会では、あらゆる富＝価値あるものが商品になり得る。目で見、手に取って吟味可能な有形財だけでなく、労働力それ自体が、あるいは無形である役務（サービス）、音楽・映画等の芸術作品は言うに及ばず、地位・名誉等一般的に考えれば、売買取引に馴染み難い客体までが販売の対象になり得る。この原動力は、経済活動の高度化・グローバル化等に伴う欲望重層化と共に、売買取引の実際現場で機能する（ⅰ）クレジットカード等現金取引代替物の普及、（ⅱ）所有権留保特約付商品割賦販売手法の一般化、（ⅲ）Amazon等の宅配Systemが社会機能の一部に完全に取り込まれた結果が重層的にモノとしての商品と、売買取引を法律上完了させる仲介機能を担う社会的存在としてのカネが密接不可分に結び合わされた結果である。

73)　生産手段、消費財等から構成される財産の一切が原則として個人所有され、同時に当該個人に帰属する法律上の所有権が私法の一般法である民法等に基づいて保障される社会制度が私有財産制度である。歴史的には、西洋古代の奴隷制度・中世封建制度は、標記の私有財産制度を基礎としてはいるものの、当該所有権は村落共同体あるいは標記2制度にまで起源を遡り得る。
　西洋中世に見られた農民に対する領主による一定期間の賦役労働動員等に徴すると、近代法で観念される〈完全な私有財産制度〉ではない、と言える。その文脈

で、私有財産制は近代の資本主義社会成立後、法律の整備と相俟って初めて完全な形で社会的保護を受けることになる。資本主義社会では消費財は勿論、生産手段私的所有も法律により保護されており、私有財産制度が資本主義社会の基礎となった。

しかしながら、資本主義の歴史を遡れば、資本主義の発展と平仄を合わせて、生産手段を所有する階級と所有しない階級との間で、財産所有上の格差が拡大する傾向にあった。工場法等賃金労働者に対する法的保護確立以前19世紀前期のイギリスでは、危険な炭坑切羽での年少労働者使役、長時間労働等"剥き出しの（裸の）荒々しい資本主義が齎す労働者に対する搾取の現実が至る所で観察された。周知の如く、1848年、マルクスの『共産党宣言』出版により資本主義が内在する階級的矛盾が指摘され、科学的社会主義に基づく労働運動発生の萌芽となった。現代に至るまで、資本家 vs. 労働者両階級間で闘わされてきた〈資本主義→社会主義→共産主義〉へ移行すると論じる唯物弁証法に基づいて、マルクス、盟友・エンゲルスが完成させた『資本論』（1867年以降、マルクスの死後1894年までに盟友・エンゲルスが第2部、第3部完成）、ヒルファーディング『金融資本論』（1910年）、レーニン『帝国主義論』（1917年）等の諸業績を通じ、社会主義を理論的に正当化する思想体系を巡る論争が繰り替えされてきた。

私見では（ⅰ）1991年末に起こったソビエト社会主義連邦共和国消滅→独立国家共同体成立、（ⅱ）それに先立った旧東ヨーロッパ諸国の相次ぐ資本主義化、（ⅲ）1990年10月東西ドイツ統一（東ドイツが西ドイツに吸収、消滅）、（ⅳ）中国が社会主義市場国に変化（1993年憲法）したこと、（ⅴ）ベトナムのドイモイ政策採用（1986年）等歴史事実に徴する限り、マルクスが予言した"歴史の必然的法則"に基づく社会主義革命は、結局貫徹されなかった、と考える。

一方で、現代資本主義社会では社会的・公共的観点から、私有財産制度にも種々法的規制が加えられている。社会主義社会では基本的財産である生産手段については、社会的所有とされており、私有財産制度は廃止されていたものの、消費財については従来から私的所有が認められていた。

74)　［原田］2017、2019

75)　営利を目的としない組織・団体を非営利組織 /NPO:Non Profit Organization と言う。政府組織はこの定義に含まれない。広義には、特殊法人（本書で論じている日本開発銀行等それぞれの設立根拠法の上から「公法上の法人」と定義されていた政府関係機関を含む）や、認可法人をはじめとする各種の公共の団体等も含まれる。狭義には、非営利で社会貢献活動や、慈善活動等を行う市民団体を指すこともある。

76)　東アジア諸国は、RCEP/Regional Comprehensive Economic Partnership に基づいた域内経済統合の基本合意が得られる等、急速に一層緊密化が進められている。中国経済巨大化に伴い、習近平・中国共産党指導部は、一帯一路政策を通じた中国主導になる東アジア自由貿易協定、及び経済共同体形成を視野に入れた金融・投資・エネルギー・環境・農業等各種分野について、2020年以降、更なる経済成長を睨んだ自由貿易ルールに基づく開かれた地域経済体制構築を目標としている。基本的には非議する要素は少ないものの、現状を力で無理やり自国優位に変更する中国による強引な政策を巡り、各国間で鬩ぎ合いが続いている。欧州大陸諸国では、2020年1月末、島国イギリスが2016年6月国民投票にて僅差で決した離脱＝Brexitが4年越しの混乱を経て従前28ヵ国で形成されていた EU/European Union：欧州共同体から正式に離れたものの、今日では残存27ヵ国で展開されている高度な政治・

経済・金融統合が実現して久しい。

77) 比較優位（comparative advantage）とは、イギリスの経済学者・リカードが提唱した概念である。比較生産費説、この考え方を応用して展開されるリカード理論で論じられる学説・理論の中心概念であり、国境を越えた商品売買に焦点を絞った貿易理論では最も基本的な概念となる。学説史的には、古典派経済学の始祖アダム・スミスが提唱した絶対優位（absolute advantage）概念で展開されていた学説・理論を修正して提唱された。

　これは、自由貿易において各経済主体が（複数あり得る自身の優位分野の中から）自身の最も優位な分野（より機会費用の少ない、自身の利益・収益性を最大化できる財の生産）に特化・集中することで、それぞれの労働生産性が増大され、互いにより高品質の財やサービスと高い利益・収益を享受・獲得できるようになることを説明する概念である。アダム・スミスの絶対優位は、各分野における経済主体間の単純な優劣を表現するに留まるため、自由貿易と分業の利点や実態が限定的にしか表現できていないのに対し、リカードの比較優位は、各経済主体内において複数あり得る優位分野間の時間的な収益性・効率性の比較とその選択・集中にまで踏み込むため、より精度の高い自由貿易・分業の説明・擁護に成功している。比較優位における労働生産性とは一人当たりの実質付加価値高を意味する。比較優位の解説に際しては、国家による統制を核としている重商主義に対する批判から始まった歴史的な経緯もあって、国家間の貿易が好く引き合いにされるが、地方公共団体及び企業や個人などのあらゆる経済主体においても同様である。

78) 売買は、当事者の一方がある財産権を相手方に移転することを約して、相手方がこれに対してその代金を支払うことを約することによって成り立つ双務・諾成・有償の契約である。

　売買は贈与・交換と同じく、権利移転型契約（＝譲渡契約）に分類される。ただし、贈与が無償契約・片務契約の典型であるのに対して、売買は有償契約・双務契約の典型形態である。

　貨幣経済が発達した今日、売買は物資配分あるいは商品流通を担う上で、最も重要な契約類型とされる。売買と交換の関係は、講学上は、典型契約としての交換（民法586条）を狭義の交換として、売買契約等広く財産権移転を内容とする取引一般を広義の交換と概念付けられることもある。

　歴史的に見れば、交換は広く商品経済の発達以前から存在したものの、貨幣経済が発達した結果、物＝商品に対する貨幣授受で取引行為が完結する（＝決済完了）取引の形態が分化し、独立したものが売買である、と理解される。

　商人間売買行為を商事売買といい、商法に特則が設けられている。売主による目的物の供託権及び自助売却権（商法524条）が注目される。商人間売買において、買主がその目的物の受領を拒み、又はこれを受領することができないときは、売主はその物を供託し、又は相当の期間を定めて催告をした後に競売に付すことができる（商法524条第１項前段）。この場合において、売主がその物を供託し、又は競売に付したときは、遅滞なく、買主に対してその旨の通知を発しなければならない（商法524条第１項後段）。損傷その他の事由による価格の低落のおそれがある物は、前項の催告をしないでも競売に付すことができる（商法524条第２項）。前二項の規定により売買の目的物を競売に付したときは、売主は、その代価を供託しなければならない。ただし、その代価の全部又は一部を代金に充当することを妨げない（商

法524条第3項）。これらの規定は、民法494条・民法497条の特則である。

定期売買の履行遅滞による解除（商法525条）

　商人間の売買において、売買の性質又は当事者の意思表示により、特定の日時又は一定の期間内に履行をしなければ契約をした目的を達することができない場合において、当事者の一方が履行をしないで、その時期を経過したときは、相手方は、直ちにその履行の請求をした場合を除き、契約の解除をしたものとみなす（商法525条）。この規定は民法542条の特則である。

買主による目的物の検査及び通知（商法526条）

　商人間の売買において、買主は、その売買の目的物を受領したときは、遅滞なく、その物を検査しなければならない（商法526条第1項）。前項に規定する場合において、買主は、同項の規定による検査により売買の目的物が種類、品質又は数量に関して契約の内容に適合しないことを発見したときは、直ちに売主に対してその旨の通知を発しなければ、その不適合を理由とする履行の追完の請求、代金の減額の請求、損害賠償の請求及び契約の解除をすることができない（商法526条第2項前段）。売買の目的物が種類又は品質に関して契約の内容に適合しないことを直ちに発見することができない場合において、買主が6か月以内にその不適合を発見したときも、同様とする（商法526条第2項後段）。前項の規定は、売買の目的物が種類、品質又は数量に関して契約の内容に適合しないことにつき売主が悪意であった場合には、適用しない（商法526条第3項）。

　この規定は担保責任に関する特則である。

買主による目的物の保管及び供託（商法527条）

　前条第一項に規定する場合においては、買主は、契約の解除をしたときであっても、売主の費用をもって売買目的物を保管し、又は供託しなければならない。ただし、その物について滅失又は損傷のおそれがあるときは、裁判所の許可を得てその物を競売に付し、かつ、その代価を保管し、又は供託しなければならない（商法527条第1項）。前項ただし書の許可に係る事件は、同項の売買の目的物の所在地を管轄する地方裁判所が管轄する（商法527条第2項）。第一項の規定により買主が売買の目的物を競売に付したときは、遅滞なく、売主に対してその旨の通知を発しなければならない（商法527条第3項）。前三項の規定は、売主及び買主の営業所（営業所がない場合にあっては、その住所）が同一の市町村の区域内にある場合には、適用しない（商法527条第4項）。

79)　このように労働生産物は、貨幣を媒介した経済行為を行うことにより初めて他者（社）が生産した商品と交換される。マクロ経済学で説かれる喩え話に、難破した結果、命辛々1人で絶海の孤島に流れ着いたロビンソン・クルーソーが営んだ（架空の）経済生活が引き合いに出される。彼は作者デフォーが後に、助け手として従者フライデーを登場させるまでは自らの生存を維持し、生活水準を上昇させるためには、自らが流れ着いた孤島の自然に手近の道具を用いながら、あらゆる手段を駆使して全ての必需品を自分自身が単独で生産し、かつ単独で消費する自給自足経済を営んでいた。これに対し、本文で説明しているように、労働生産物＝商品が他の商品と交換される（売買、贈与）を前提に生産される経済社会では、自給自足経済ではなく、経済社会全体を通じて（貨幣を交換媒体として）商品交換が行われることになる。その過程を観察すると、総労働は自然発生的に需用される個別商品獲得に必要な部分毎に分割されて、更に貨幣交換を通して"社会的な物質代謝"が行われ

る、と理解されることになる。

80) 以下 URL が参考になる。
ウィキペディア https://ja.wikipedia.org/wiki/ 社会主義

81) 身近では鮮魚・精肉、穀物・蔬菜等食料品を商う市場がイメージされる。しかしながら、コンピュータ端末上で仮想現実として取引される外国為替取引も、株や債券取引等証券取引も virtual な仕方で、(不)特定多数(少数)の売り手と買い手とが出会う市場に於いて出会い、己の計算で許容可能な価格と数量で貨幣を媒介とする経済取引を行う実態は共通している。

82) 通貨とは、国家等が法律の定めに従い、価値を保証した貨幣のことである。原則としては、当該国内一国内で通用する(法定通貨)。一般には a. 紙幣(銀行券)・b. 硬貨(政府発行補助通貨)等の現金を指す。通貨は下記３つの機能を有する。価値が安定しなければ、交換手段等の機能を果たせない。当該３機能は、相互密接な連関機能を有している。換言すれば、当該事実は通貨価値が常時安定していることを大前提としている。たとえば、もし通貨価値が下落すれば当然のこととして１．交換手段、３．価値保蔵機能も喪失される。これら３つ機能を常時満足させ、国民全員が通貨を〈信用するからこそ、通貨はその役割を果たす〉ことができる。詳細は下記の通り。

記

1．支払決済手段(交換手段)
2．価値尺度(価値を測る尺度、計算単位)
3．価値保蔵(資産の保存)
⇓

1′ 商品や役務 / サービス等との交換取引は通貨決済を通して行うことが社会ルールである。当該ルールが通貨の基本機能である。

2′ 価値尺度として、通貨という共通物差し。日本円、アメリカドル、ユーロ等総ての通貨にはそれぞれに固有の計算単位があるため、あらゆるサービスや商品価値比較が可能になる。

3′ 通貨は紙幣、硬貨で作られており、特別に乱暴な取り扱いをしない限り、物理的に変質せず、貯蔵可能である。当該価値保蔵機能を用いれば、商品売買は随時適切に実行可能であり、安心して手許 or 銀行等金融機関に預託＝預貯金することができる。

83) 経済産業省 https://cashless.go.jp/assets/doc/consumer_introduction.pdf

84) しかも実額(Gross)決済ではなく、差額(Net)決済が行われる実務処理が圧倒的に多い。

85) 日銀ネット / 正式名称は "日本銀行金融ネットワークシステム" である。これは日本銀行が取引先金融機関の間で実施する現金(日本銀行では負債 a/c に立てる銀行券)等の流動性資金取引、国債売買貸借等に係る決済を Internet を通じたオンライン処理で効率的、安全かつ確実に行うことを目的に構築された勘定系に分類される情報 System である。日本の中央銀行である日本銀行が有する３つの機能：すなわち、①発券銀行、②政府の銀行、そして③銀行の銀行という市中金融機関との

　資金取引を通じて取引両当事者間で展開される債権債務決済にあたっては、1円の単位まで将に天文学的な規模で、金融機関全営業日を通じて行われる全ての取引が日々正確に処理されなければ、立法者の意図する日本銀行が掌る金融政策を適切に機能させることもできない。

　日銀ネットが実施している具体的所作は、①物理的には日本銀行本店に置かれている電算センターと（ⅰ）日本銀行本支店、そして（ⅱ）日銀ネットに参加する全ての金融機関が通信回線により常時接続されており、②（ⅰ）日本銀行本支店、そして（ⅱ）日銀ネットに参加する全ての金融機関が資金取引の都度・都度に入力を行った全てのデータは、日本銀行本店に置かれている電算センターでオンライン処理されることになる。なお、日銀ネットと市中各金融機関との接続は、端末接続の他にも、参加金融各機関が運用している電算機／コンピュータ間に於ける直接接続も可能である。

　より詳しく、かつ詳細に日銀ネット機能を見ると、a. 資金決済システムである「日銀ネット当預系」b. 国債決済システムである「日銀ネット国債系」がある。このうち、a.「日銀ネット当預系」では各取引金融機関等が日本銀行に開設している日本銀行当座預金との間で、System上実施される電子的資金振替により、（ⅰ）短期金融市場取引、（ⅱ）国債取引資金決済が、また（ⅲ）全国銀行内国為替制度、（ⅳ）手形交換制度、（ⅴ）外国為替円決済制度等の民間資金決済システム等に関係する資金決済が実施されている。また、日銀ネット国債系では、（ⅰ）売買に伴う国債決済、（ⅱ）国債発行時入札・発行・払込等が処理されている。決済インフラのネットワーク化、金融取引グローバル化、更に金融サービス内容、各種金融取引高度化・複雑化の結果として、様々な取引ニーズ変化等、現に機能中の日銀ネットを巡る環境は、留まることなく大きく変化している。

　このような変化に対して、従前Systemの基盤を維持しながら対応していくことは、右肩上がりに増加して行く取引量増嵩と共に、技術面でも漸次困難となりつつあり、かつまたその運用費用も嵩むことになる。この結果、2014年1月と2015年10月に、慎重を期して二段階に分割して新Systemを稼働させた。この新Systemでは、①最新情報処理技術を採用し、②上述諸変化を織り込んだ要新規機能処理に対する高い柔軟性、③端末・電算センター等の取引アクセス利便性向上を基本要件とした新日銀ネットが構築されたことになる。

　また、2016年2月、時差が存在する海外取引が激増している状況にも対応すべく、運用時間帯を従前の19時→21時へと2時間延長がなされた。この結果、東京時間比マイナス2時間程度の近隣アジア諸国は固より、マイナス9時間～マイナス7時間程度のヨーロッパ、そしてマイナス14時間～マイナス8時間程度の北米等、海外主要諸市場間に於ける決済時間帯の拡大等国境を越えた資金取引、国債等の迅速決済業務が可能となったことは、日銀ネットが果たしてきた・果たしている・、これからも果たすであろう金融サービスの一層の高度化、顧客利便の向上を通じて、日本の金融・資本市場が一層発展して行く基礎的インフラ／社会的共通資本のbrush up にも大きく寄与することが予想される。日本銀行当局としても市場参加者に使い勝手が良く、かつ迅速性が提供され、最も肝心な正確性が担保されることを通じて、幅広く関係者と対話を重ねて行く用意があることを表明している。

86)　各種商品に代表される動産は占有改定を以て、所持人は正当な権利者と推定される。土地・建物等不動産は、物権変動と対抗要件とが登記によって峻別されてい

る。資本主義発展経過に即した立法の結果であるが、本書で詳細には述べない。売買契約を有効ならしめる所作は、商品等にかかる商取引を完結させる資金決済完了を前提とする。

87）「誰でも安心して受け取る普遍価値を有する機能」という抽象概念を端的に説明するために、著名な経済学者が著した優れた論攷を参照すると、更に一層分かり易く理解できるのではないか、と筆者は考えるので、以下の論攷から該当部分を抜粋して引用する。

　　　　出所：岩井克人　『ヴェニスの商人の資本論』110頁　筑摩書房　1985年
　＞…預り手形を両替屋にもっていけばだれでもその表に書かれている額の金貨や銀貨を受取ることができるから、ひとはいちいち本来の支払い手段であるべき金貨銀貨を直接渡さず、代わりにこの預り手形を渡して自分の借金の支払いに代えることができる。そして、この預り手形を貸出の返済の代わりとして受け取ったひとも、今度はそれを使って自分の借金相手への支払いに代えることができる。その意味で、この預り手形は、それといつでも引換えられる金貨銀貨の「代わり」として、あたかもそれ自身が借金の支払い手段であるかのように用いられることになる。いや、実際の金貨や銀貨を用いるよりも、この持ち運びも、保管も容易な預り手形を用いて取引したほうが日々の商売にとってはるかに便利である。

88）　石原武政・忽那憲治『商学への招待』有斐閣　2013年

89）　例えば、設備資金・運転資金、戦略的意図から行う株式相互持合資金等の標記一過性日常決済資金とは一線を画す自社現有資金では賄えない財務上、必要な事業資金調達、運用等に関しても取引銀行口座を経由して実施されることが通常である。会計監査上も、毎決算期毎（欧米 Style に基づく四半期決算実施企業では3カ月毎）に取引銀行から預金残高証明書を徴求して、各被監査期間機首・期末時点に於ける Stock ベース財務取引証憑を徴求されることが実務慣行として定着している。

90）　企業金融では日常活動で必要となる運転資金（通常は1年以内の短期資金）、と共に土地・建物・機械装置等 B/S：貸借対照表上固定資産に計上され、税法上は耐用年数（土地は非償却資産である）に合わせて、期間損益に見合う減価償却が実施される。この場合、現金支出を伴わない帳簿価格上の減額が実施されることに注意。

91）　登記費用は不動産抵当の場合、債権額の4/1,000、工場財団抵当の場合には同左2.5/1,000の割合で徴求される。今日、企業活動に要する費用は巨大化しており、登記留保・担保留保等債権者が債務者（第三者担保提供＝物上保証人）の信用力＝返済可能性を十分と認める場合を除けば、これら債権者側が要求する債権保全費用も馬鹿にならない金額に及んでいる。

92）　平たく言えば、各事業部門から稼得される収益（通常は発生ベースにて計測する。現金ベースで検討する場合には、現金流出を伴わない減価償却費等を戻入して損益修正を行う。一方、対応する費用については管理会計上、各事業セグメント毎に計算した事業損益を基準として採算を弾く営みが、財務部 or 経理部 or 資金部等企業により様々な名称で呼称される部署で行われている。実務上の取扱については、これ以上の詳細説明を省略する。

93）　PFI＝Private Finance Initiative 等。
　　内閣府 https://www8.cao.go.jp/pfi/pfi_jouhou/aboutpfi/aboutpfi_index.html

94）　一般論としては個人が実施する資金調達・運用は、住宅金融等を最大規模とする上限1億円内外が想定される少額金融で中心である。勤め人の収入で内部金融を行

う場合には個人が有する返済能力に徴すれば、本件事業金融で動く資金量と比較した場合、通常は取るに足らない金額であること通例である。本書で述べられる日本政策投資銀行をはじめとする金融機関が取り扱う資金は、期間1年未満の商業金融、1年以上が通例である産業金融共に個人ベース返済能力を大きく超える。このような特質から、「身の程を弁えない資金調達」は多くの場合、insolvent/ 返済不能となり、支払停止＝銀行取引中止（外部資金調達不能）に至る。この状態と異なり、企業金融では調達コストが異なる資金源をミックスして仕上がり支払金利水準を決定することが可能な場合がある。

　信用力がある企業に対しては、貸し手である銀行等金融機関は延滞、焦げ付きリスクが低いこと等から、積極的に資金供給意欲を見せる場合もあり得る。自明のことながら、これら貸し手が前のめりなっての融資攻勢を掛けられる企業は当該業界で高い市場占有率を有する等、限定されてはいるものの、自己資金を内部金融原資として投入するよりも、投入資金コストを上回る投資効果が期待される場合には、敢て銀行等金融機関経由で外部資金調達を実施する財務戦略を採用する事例もあり得る。→　外部負債導入によるレバレッジ効果。

95)　新発・既発債券市場に於いて、売買取引対象となる債券の種類には、基本商品として a. 普通社債 /Straight Bond: SB、b. 転換社債 /Convertible Bond: CB、c. 新株引受権付社債 /Warrant Bond：WB 等が列挙される。a. SB は償還満期まで保持していれば、発行体財務信用状況に重大な悪化が認められない限り、券面金額で必ず元本償還される借入金に近い金融商品である。b. CB は株式市場上場会社が発行する金融商品で、発行時に予め債券ホルダーと発行体との間で、一定株価に達した場合には債券から株式に転換することを約定したものである。c. WB も債券ホルダーと発行体との間で、発行される新株を予め定めた価額で引き受ける権利を債券に付加した金融商品である。これらは、1980年代後半～1990年に掛けて、日本国中を席捲したバブル経済時期に大量発行された。その後、これらの古典的な債券に加えて、金融工学を応用したレバレッジ効果を織り込んだ新種債券も大量発行されているものの、償還金額元本は固より、合成債券ならではの複雑な金融数学を織り込んだ商品設計がなされているため、原資産である株価・金利、商品価格等の変化如何で価値が毀損するリスクが大き過ぎることが指摘されている。個別金融商品に関するこれ以上の詳細説明は省略する。

三井住友 DS アセットマネジメント
　　　　https://www.smam-jp.com/glossary/cat_fin.html　2020年 9 月 2 日閲覧
　野村証券 https://www.nomura.co.jp/　　　　　　　　　2020年 9 月 2 日閲覧

96)　コマーシャル ・ ペーパー【commercial paper】
　約束手形の一種である。短期（返済までの期間が 1 年未満）の資金調達を行うために、企業などが無担保の割引方式で発行する。元々は米国で発達した金融商品である。日本に於いても金融制度改革の一環として、昭和62（1987）年に導入された。CP とも略称される。
　goo 辞書 https://dictionary.goo.ne.jp/word/ コマーシャルペーパー
　　　　　　　　　　　　　　　　　　　　　　　　　　　2020年 9 月 2 日閲覧

97)　1960年代を通じて“投資が投資を呼ぶ”という言葉で表現される。当時、企業全般に旺盛な資金調達意欲が見られ、限られた資金を如何にして安定的に調達することが財務部、資金部等企業によりその名称は異なるものの、資金の量的確保を行う

ことが重要な仕事であった。次の注98で説明されるように、資金需要増加に伴う資金価格である金利高騰をコントロールすることを目的として臨時金利調整法が制定された。

98) 衆 議 院 http://www.shugiin.go.jp/internet/itdb_housei.nsf/html/houritsu/00119
471213181.htm　　　　　　　　　　　　　　　　　　　　　2020年9月2日閲覧
　　1947（昭和22年）法律181号。金融機関の金利の最高限度を定めることを主目的とする法律である。この法律が定義する金利とは、全国の金融機関が実際に行なう（ⅰ）預貯金利率、（ⅱ）定期積立金利回り、（ⅲ）無尽掛金利回り、（ⅳ）指定金銭信託予定配当率、（ⅴ）貸付利率、（ⅵ）手形割引率、（ⅶ）当座貸越金利、（ⅷ）コールローン、コールマネー金利、（ⅸ）有価証券引受料・戻し料その他これに準じるものを指す。同法は金利最高限度決定・変更・廃止は、財務大臣（当時は大蔵大臣）の指示・監督の下で、日本銀行政策委員会が金融審議会に諮問を行い、その了解を得た後に行なうことになっていた。適用金利最高限度は、金融機関別に、また地域別に定めることができる、と規定されていた。各金融機関はこの最高限度を超えて金銭消費貸借を契約し、支払い、受領してはならない、とされていた。1994年10月、当座預金を除く全ての預貯金金利が自由化されたため、2020年の今日では既に立法目的を失っている。

　　金融庁 https://www.fsa.go.jp/singi/singi_kinyu/siryou/f-cho20020225-sir/s4.html
出所：『法令全書』、金融庁ほか

99) 1971年7月15日、ニクソン大統領が行なった訪中発表（第1次）と共に、8月15日①金・ドル交換停止、②輸入課徴金10%賦課を含む8項目からなるアメリカの経済政策変更（第2次）によって、日本のみならず、世界各国が受けた大きな衝撃を指す。（第1次）対中接近は、ウスリー河に浮かぶ中洲を通る当時のソ連と中国との間で国境線を巡って、双方の軍隊が武力衝突にまで発展した中ソ対立と、文化大革命（1965年〜1977年）により惹起された中国全土を舞台とする国内混乱からの脱出が朝鮮戦争（1950年〜1953年）で、米中両国が直接干戈を交えて以来、冷却し切った両国関係を改善することが中国側の主な理由となった。アメリカ側も、1960年代初頭以来関与したベトナム戦争（1960年〜1975年：米国関与は〜1973年3月まで）の泥沼化と共に、冷戦体制下での"中国封じ込め政策"破綻と対ソ牽制がアメリカを対中接近へと向わせた。良好な当時の日米関係下、日本側にしてみれば、中国政策について日米両国は一致しており、変更がある場合には事前相談を受けるものと認識していた日本は、アメリカによるこうした突然の頭越しの外交は大きなショックを受けた。第2次となった1971年8月15日には、ニクソン大統領は米国内外両面にわたる新経済政策を実行した。アメリカ国内に対しては、大幅減税による景気浮揚を狙った一方で、国外に対しては金とドル交換を停止し、累増する貿易赤字縮小を目的とする10%の輸入課徴金賦課を実施してドル救済を期待した。アメリカは競争関係にあった主要通貨為替レート引上げを輸入課徴金を武器として要求し、10ヵ国蔵相会議で調整された。1971年12月、固定為替相場制度下世界唯一兌換可能であったドル紙幣が金現物に対して▲7.89%切下げられた。この結果、外国為替相場切上げでは他国通貨に比較してトップとなった日本円は対ドルで16.88%切り上げられ、1ドル＝360円から1ドル＝308円にまで上昇した。輸入課徴金も廃止され、世界の金融体制は蔵相会議場の名を取ったスミソニアン体制に移行した。1944年7月以来続いてきたブレトンウッズ体制は、ここに崩壊した。

100）　日経平均チャート室　https://225.jpn.org/1989/12/1989all/　　2020年 9 月 3 日閲覧
　　　1989年12月末、大納会時点。　38,915.87円　　前年比：＋8,756.87（＋29.04％）

101）　2019年末中国湖北省武漢で発生した新型 Coronavirus による国境を越えて世界中
　　　で猛威を揮っている現下の混乱は、各国・各地域で医学的・疫学的領域に留まるこ
　　　となく経済領域に及ぶ深刻かつ重大な悪影響を漏らしている。GDP ベースでも、
　　　2020年 4 月〜2020年 6 月当年度第 1 四半期速報値を見ても、日本の足許経済成長率
　　　は年率換算▲27.5％を超える未曾有の縮小を示現しており、アメリカ、EU 等主要
　　　国・経済地域に於ける実体経済の混乱は暗い影を落としている。今次経済縮小は循
　　　環的景気変動とは大きく異なり、CORONA 禍が有効なワクチン開発、治療法確立
　　　未済等全く手探り状態にての対応を官民・医療現場に強いていることに原因を有し
　　　ている。
　　　　すなわち、感染拡大を止める医学的・疫学的にも有効であり、明確な対処方法が
　　　存在しない現下の状況では、人と人が接触すること自体を通じて感染する厄介な状
　　　況が継続している以上、▲ 8 割を目途とする接触減少が提唱され、政府による緊急
　　　事態宣言発出もあって、日本全国ベース規模で経済の流れが人為的に突然休止され
　　　たことがマクロ経済統計上、2008年リーマンショック時を遥かに上回る深刻な破滅
　　　的悪影響を実体経済に対して漏らしているのである。これはマクロ経済の上から
　　　は、需要が突然消失したことに伴う供給サイドに於けるビジネス活動阻害であり、
　　　事態終息に確たる見通しを得ることが不可能である状況が現出していることを提示
　　　している。直近に発生した経済大混乱を一例にして事柄を著者は述べているところ
　　　であるが、バブル経済崩壊後この30年にわたって継続している本文で書かれている
　　　マクロ経済状況を詳細に論証するためには、新たに追加で一書を認める労力を投入
　　　しなければならない。なお、直近時点で、今次 CORONA 禍を医学的・疫学的視点
　　　と共に経済学的視点も加味して学術的に纏めた先行研究業績としては、以下 URL
　　　を参考に供する。
　　　藤井聡他「国民被害の最小化を企図した新型コロナウイルス対策における基本方針
　　　の提案」『実践政策学』第 6 巻 1 号　　2020年
　　　https://policy-practice.com/db/6_103.pdf?fbclid=IwAR1fw9YqjRdgme6b0ywp9xgf
　　　QFMy96rUiIoYo9lx1PxCTqewzq03CZxrUtw

102）　2000年代前半、小泉・竹中による銀行セクターが有する不良債権の抜本的急速な
　　　処理が喫緊の課題として政策に浮上した。BIS 規制による銀行セクターの財務リス
　　　ク管理上の必要性に従い、国際金融ビジネスを営む銀行では 8 ％以上の自己資本比
　　　率を有することが要求された。また、国内金融ビジネスを営む銀行は 4 ％以上の自
　　　己資本比率を有することが要求される等銀行経営者にとっては、特に決算期末時点
　　　自行財務諸表―就中、B/S Balance Sheet/：貸借対照表―静態観察が自行経営維
　　　持・発展可否を決定する上で、死活的に重要な課題となる。
　　　　このため、この時期には信用状態に懸念が認められる、と銀行側が判断した取引
　　　先に対して、金銭消費貸借契約証書及び全国銀行協会連合会作成の銀行取引標準約
　　　款特約事項に基づく「債権者から債務者宛一方的な期限の利益自動剥奪条項」を適
　　　用して期限前全額償還＝繰上弁済／貸し剥がし、あるいは申込金額に達しない金額
　　　しか貸さない不十分な内容の金銭消費貸借実行行為／貸し渋りが至る所で多数行わ
　　　れた。これらの行為は、BIS 規制算出が B/S に計上された貸金／総資産の割算で
　　　行われるところから、①総資産を構成する貸金回収を通じて分母自身を減額する貸

し剝がしを、あるいは B/S に計上された②分子である貸金残高を減らす同じく貸し剝がしが行われた、ということである。これらの平時にはまず起こらないであろう異常事態は、基準の達成に寄与することになる。

このように、受信者である借り手側の困惑を余所にして、貸し手である銀行等与信者側の一方的都合を充足するために行われたこれらビジネス行為は、倫理的視点から見て果たして肯われる行為であるか否かは詳らかではない（「銀行ビジネスは慈善事業ではない。」と銀行経営者は、自行が執った行為の正当性を主張した）ものの、銀行等一般には巨大な組織・機構を展開している金融機関と比較すると、予期せぬ債権回収をされた受信者側にしてみれば、文字通り銀行等金融機関側の一方的都合に起因する理由で、最悪の場合には倒産を含む大被害を蒙ったことは、迷惑千万以外の何ものでもない。

しかしその一方で、内閣改造後の2006年以降に、金融庁の肝煎りで貸し剝がし、貸し渋り等を主因にして業績不振に陥った銀行による与信先内部格付、資産査定等債権管理の過程で正常先を外れ、要注意先→要懸念先→破綻懸念先→破綻先へと信用度が低下して行く中にあって、2005年以前に見られた標記 "迷惑千万以外の何もの" でもない貸し剝がし・貸し渋りの結果として、経済社会の表舞台から消え去った「気の毒な債務者」救済という視点から、追い貸し、条件変更等の「借り手friendly な対応」が行われたことに注意すべきである。ビジネス世界は、自由競争の結果、敗者は市場から本来淘汰されるべき存在である。主として、社会政策上の観点から、この時期に採られた銀行等金融機関による資金支援打ち切り。という劇薬処方を見送った結果、"ゾンビ企業" が市場から退出することなく温存され、当該企業が経済的な意味に於いて「生存」し続けていることに対して、否定論を唱える論者が居ることにも関心を払う必要があるのではないか。

103) 銀行が資金需要者から申し込みを受け、実際に Cash を渡すまでの一般的プロセスを記す。

①申し込み受付→②徴求資料作成、交付→③資金需要者（社）から同左資料提出を受ける→④受領後、資料内容検討着手。実査、関係者面談→⑤貸付議案準備→⑥銀行内部決裁（申し込み金額の多寡、案件判断難易度等に応じて決裁区分が異なる）→⑦貸付決定→⑧金銭消費貸借契約証書作成、調印（貸付実行。この時点で、銀行の B/S に計上される）。同時に貸付条件を満足する担保設定（無担保貸付は、通常想定されない）等権利証書作成、調印。対抗要件具備。→⑧資金交付（通常は、現金ベース支払金額に見合った金額が分割交付される）→⑨以後、完済まで常時債権保全に必要であるモニタリングを行い、対象工事（対象事業）が事前に想定される（工事）効果を発揮しているか否か監視する。確認されない場合には、期限の利益を剝奪して資金回収を行う。

Ⅵ　終わりに　/　日本政策投資銀行

最新政策金融制度融資実例（例示列挙）

1　エネルギー分野

　日本のエネルギー産業は、目下大きな岐路に直面している。団塊の世代が完全に後期高齢者世代に移行する所謂「2025年問題」[104]を目前にした現在、それまで概ね80年間に亘る第二次世界大戦終結以後、日本経済社会のあり方を基本的に形作ってきた「量的拡大を前提とした社会 System」が人口の中長期的減少[105]による生産年齢人口[106]を主原因とする経済活動縮小へと180度転換することを前提とした近代化以後の日本経済では経験したことがない未曾有のあり方に切り替わることが明らかになってきた。マクロ経済の基盤構造がこうした未経験の全く新たなパラダイムへと shift する中で、企業が行う事業活動のみならず、家計で営まれる日常生活活動等に必要不可欠である電気エネルギーを供給する電力会社にも大きな試練が襲ってきた。

　2011年 3 月11日に突然発生した東日本大震災[107]では、地震それ自体を原因とした深刻な機器損傷は認められなかったものの、地震発生から約50分後海岸部まで到達した津波による全電源喪失を原因とする東京電力福島第一原子力発電所水素爆発が東日本全域を深刻な高放射能汚染に陥れる、というこれまた未曾有の大規模人災が日本全体を震撼させた。原発職員・協力企業、政府・自衛隊等による懸命な事後作業もあり、不幸中の幸いとも言うべき原子炉低温停止には成功したものの、それまで散々喧伝されていた "原子力発電の安全神話"[108]が実体のない架空の物語であったことが曝露され、1957年日本原子力研究所で初めて灯った「原子の火」以来、一貫して展開されてきた日本のエネルギー政策が見直されることになった。具体的には「地域別民営 9 社による配送発電一貫経営」[109]と言われる第二次世界大戦後、推進されてきた 9 電力会社による地域独占を許された日本の電気産業が位置付けてきた安定電源としての原子力発電（東日本大震災発生以前は、全発電量に占める原発由来電力量は概ね30％程度の割合で推移してきた）による電気エネルギー供給はすべて止まり、日本国内で必要なエネルギーの中でも、最重

要である電力由来エネルギーが大震災後のマクロ経済構造を踏まえれば、今後は如何なる供給体制を取るべきか、官民間で共通の大きな検討課題となった。「原子力発電に由来する電力エネルギーは危険であり、全ての原発は直ちに廃棄されるべきである。」こうした意見も、高度な放射線汚染による退避と帰宅困難を目の当たりにしていた国民大衆が表明することは尤もであり、事実相当の長期間に亘り、関係諸法令に定められた定期点検による運転停止中であった原子炉を含め、日本国内に所在する全ての原子力発電所が運転停止に追い込まれた。

　しかしながら、その一方で原子力発電は確かに危険ではあるものの、石炭火力・石油火力・LNG 発電等化石燃料[110] から得られる火力発電に由来する電気エネルギーとは異なって、発電過程それ自体では地球温暖化[111] の原因である二酸化炭素等燃焼に伴い、大気中へ大量に放散される所謂温暖化ガス[112] を発生させない。先述 "原子力発電の安全神話" にも付帯する格好で、東京電力福島第一原子力発電所水素爆発以前には、各電力会社が「地球に優しい無公害発電方式」として、大衆一般に対する啓蒙活動の中で強調されてきた事項である。発電経済計算上も、フローベースでは見掛け上は（廃炉に伴い、発生する長期間に及ぶ放射能汚染半減期までの廃材保管コスト等を含む廃棄コスト等ストック・ベースで計算される費用を除く）@１kwhあたり発電原価が―燃料単価変動等調達コスト変動に伴う原単位変動は、当然にあり得る―安価から高価への順番で列記すれば、概ね原子力発電＜LNG 発電＜石油火力＜石炭火力＜水力発電であり、新エネルギー[113] が現在時点で標記既存電源に太刀打ちできる状態にはない。しかしながら、中長期的には再生エネルギーが潜在的に有している "環境に優しい" 化石燃料（再生可能エネルギーの一つである水力発電も、①ダム湖造成発電前提条件を構成していること、②高度経済成長時代に、既に目ぼしい発電地点は略々開発し尽くされている状況にあること等から）を使用しない大規模電源創設可能性を求めて、事業化と共に金融を付ける方法が模索され続けていることは特筆に値するであろう。この文脈で、日本政策投資銀行がこの領域で検討中で

ある諸状況を同行『統合報告書 本編』[114] 記事から引用する。

エネルギー分野
中長期的な外部環境と社会課題

（途中省略）

　…このような状況下、エネルギー産業を金融面から支援するための課題として、再生可能エネルギー等の新しい技術の普及支援や増大するリスクに対応するための資本性資金の供給に加え、プロジェクトファイナンス[115] によるリスクを明確化した取り組みを強化し、国内電力市場の自由化に伴う投融資に対し、幅広い事業者の市場参加を可能にする取り組みが求められています。

（統合報告書 本編 2018）

戦略

　お客様との強いリレーションを維持し、そのうえで業界再編のためのアドバイザリー業務、リスクマネーである資本性資金の提供に注力します。加えて、リスク分担を明確化したプロジェクトファイナンスによる取り組みを強化し、国内電力市場の自由化に伴う投資需要に対し、幅広い金融機関と協調し円滑な資金供給に取り組みます。

　また、幅広い金融機関が国内エネルギーインフラ市場に参加できるように、キャピタルリサイクル[116] 可能なマーケットの育成に取り組むためDBJグループはエネルギー分野におけるアセットマネジメント[117] 業務を強化します。

　海外においては、自由化市場育成で先行するマーケットに取り組むことで、国内市場発展に向けたノウハウの還元と日本企業の海外展開を積極的に支援すると共に、世界レベルでの低炭素化に貢献していきます。

（統合報告書 本編 2018）

実績とこれまでの取り組み

　近年においては、国内エネルギー産業の構造改革を背景に、電力・ガ

ス・石油産業等の事業再編・海外展開への支援のほか、老朽化火力発電所のリプレイスや、再生可能エネルギー発電所の新増設等に注力し、時代時代のニーズに対して最適な金融ソリューションを提供してきました。

　2017年度の取り組みとしては、国内太陽光発電事業向けのファンド組成や、インドネシアにおけるガス配給事業会社への東京ガス㈱との共同投資等に取り組んでいます。

　また、本邦エネルギー企業の海外事業強化に貢献すると共に、電力自由化で先行する米国市場案件に参画することで国内市場への示唆を得ることを目的として、米国ペンシルバニア州の天然ガス発電事業にも参画しました。

（統合報告書　本編　2018）

再生可能エネルギー分野における取り組み

　再生可能エネルギーの普及に向けて、DBJはリスクマネー供給を積極的に実施しており、2019年度末の投融資残高は2,419億円となっております。これまでに、国内の風力発電や太陽光発電において、導入初期より関与すると共に、再生可能エネルギーの拡大において大きな課題となっている系統制約の問題に対しても、送電線事業へのプロジェクトファイナンスを通じた貢献を行っています。また、海外の先進的な取り組みを国内に還元すべく、欧州の洋上風力発電所等へのファイナンスも実施しています。

　世界的な脱炭素化の流れを受けて、再生可能エネルギーの注目度が高まっているなか、DBJとしても、2030年の政府目標である22％〜24％の再生可能エネルギー電源比率達成に向けて、太陽光、陸上風力・洋上風力、バイオマス、水力等各エネルギー源の特徴を踏まえつつ、金融面で貢献していきます。

（統合報告書　本編　2020）

2 運輸・交通分野

中長期的な外部環境と社会課題

新型コロナウイルス感染症の影響を大きく受ける運輸・交通事業セクターにおいては、一時的に市場が縮小している状況にはありますが、中長期的には、ヒト・モノの移動の増加とこれを支える運輸・交通インフラの充実が続くと共に、日本では貿易立国としての物資の安定輸送の維持に加え、人口減少・高齢化、訪日外国人の増加や環境負荷の低減などへの対応が必要になっています。運輸・交通セクターの持続的な成長やネットワークの高度化に向けた様々な課題解決が求められるなか、DBJグループはこうしたお客様を巡る課題を共に解決すべく、様々なニーズにあわせた金融ソリューションを提供しつつ、世界のトランスポーテーションファイナンス市場と日本の金融市場の橋渡しをする役割も果たしていきます。

(統合報告書 本編 2020)

戦略

運輸・交通セクターにおけるお客様とのリレーションを維持しつつ。外部環境や社会課題の変化にあわせた柔軟な対応にも磨きをかけていきます。具体的には、陸・海・空それぞれについて、良質なプロジェクトアセットに依拠した最適なファイナンスの更なる強化や日本企業の国際的な競争力のためのリスクマネー供給などの取り組みを推進して行きます。また、地方銀行をはじめとした日本の金融機関・投資家に対し、世界のトランスポーテーション市場でのより多くのファイナンス機会を提供すべく、従来強化してきたシンジケート・ローンのほか、投資や証券機能も活用した様々な投融資プロダクトの提供にも注力していきます。

(統合報告書 本編 2020)

　運輸交通は貨物・旅客ともにグローバル化が進行した20世紀第Ⅳ四半期以降21世紀20年代に至った今日に於いて、市場経済≒資本主義経済の円滑な発展上必要不可欠である。2020年冬に中国武漢市で発生し、2021年に至ってもなお収束の兆しが見通せない所謂コロナ感染症は、人間同士の接触が伝染拡大上最も大きな拡大要因となっていることが医療従事者をはじめとする疾病管理に責任を有する人々、政府、企業関係者等にとって克服すべき大きな課題となっている。

　周知の通り、民間航空事業についても、国内線のみならず国際線旅客需要がこの間急速に減少を見ており、わが国航空事業業界はこのまま異常事態が長期間継続した場合、ビジネス活動継続が財務的にも不可能となる深刻な状況に追い込まれている。日本政策投資銀行はこのように国家的大事件が発生した場合、政府と一体となって日本経済の安定、企業経営維持存続に必要な資金供給、産業調査活動を通じて行内に過去から現在にまで蓄積されてきたトラブル解決に有効な各種ノウハウの膨大な蓄積を経済社会に対して適時的確に提供してきている（2011年、東日本大震災関連緊急事態対応等幾つもの前例がある）。

　このように国難に対する政策金融機関ならではの財務的・ナレッジ的強力な対応もまた、日本政策投資銀行法が定める同行固有の事業活動分野であることを述べて本書を閉じる。

以上

注

104）　厚生労働省　https://www.mhlw.go.jp/shingi/2006/09/dl/s0927-8e.pdf
2020年9月15日閲覧
　　　　同上　　　　https://www.mhlw.go.jp/content/12601000/000474989.pdf
2020年9月15日閲覧
　　団塊の世代が2025年ごろまでに後期高齢者（75歳以上）となること等による①年金制度持続困難、②医療費等社会保障費が軒並み制御不可能ペースでの急増が懸念される問題一般をさす。予測としては、1961年に漸く国民皆保険制度が日本社会全体で調い、爾後は福祉国家体制に移行した現代日本が中期的に②医療費について掛かった総医療費負担割合が自己負担30%、国家等公的組織負担70%となっている現行制度が維持不可能にならざるを得ないのではないか、という見方もなされるよう

になっている。極端な予測であるものの、自己負担割合が中長期的に増嵩（ぞうすう）して、自己負担70％、国家等公的組織負担30％と逆転する可能性さえもが指摘されている。

105）　総務省　https://www.soumu.go.jp/main_content/000273900.pdf
2020年9月15日閲覧

106）　満15歳～満64歳に属する人口を言う。
　　　総務省　https://www.soumu.go.jp/johotsusintokei/whitepaper/ja/h29/html/nc135230.html　　　　　　　　　　　　　　　2020年9月15日閲覧

107）　政府広報　発生直後
　　　内閣府 http://www.bousai.go.jp/kohou/kouhoubousai/h23/63/special_01.html
2020年9月15日閲覧

　　　民間 URL の一例　2019年11月時点
　　　ウィキペディア https://ja.wikipedia.org/wiki/ 東日本大震災
2020年9月15日閲覧

108）※　日本の9電力会社が原子力発電を行っている。以下 URL は、その1社が一般大衆へ啓蒙用に公開している「安全管理は万全であり、他の火力発電方式と何ら変わるものではありません。安心して下さい。」と説明する文章であるが、実際には想定外であって、その危険性については、関係者の誰一人として豪も予想していなかった「全電源喪失」による東京電力福島第一原子力発電所水素爆発が発生した。この結果、原子炉の冷温停止一既に、福島第一・第二原子力発電所は廃止済みである—には成功したものの、最終の廃炉には間もなく10年を迎える事故発生＋更に30年以上の歳月と巨額費用を要することが明らかになっている。
　　　→　参照：共同通信社原発事故取材班編著　『全電源喪失の記憶』　新潮社
　　　　2018年

　　　中国電力 https://www.energia.co.jp/atom/more2.html　　2020年9月15日閲覧
＞　■原子力発電のしくみ　原子力発電は、原子炉の中でウランが核分裂する時に出る熱で水を沸かして蒸気を作り、その蒸気の力でタービンを回し、連結している発電機で電気を起こします。タービンを回し終えた蒸気は、復水器で冷やされて水に戻り、再び原子炉へ送られます。水を沸かして蒸気に変えて、蒸気の力でタービンを回して発電する仕組みは、原子力発電も火力発電も同じです。
＞　■安全確保のしくみ　ウランが核分裂すると放射性物質（核分裂生成物）ができます。この放射性物質は、運転中だけでなく運転を止めた後も、放射線と熱を出し続けるため、徹底した安全確保の取り組みが必要です。このため、原子力発電所では「多重防護」の考え方を徹底して取り入れ、何段階もの安全対策を講じています。…

109）　一般社団法人エネルギー情報センター「新電力ネット」
　　　https://pps-net.org/glossary/2440　　　　　　　　　2020年9月15日閲覧

110）　化石燃料は a. 石油 b. 石炭 c. 天然ガス等を指す。採掘後、燃焼させることにより、所要のエネルギーが得られる。太古に棲息していた微生物、動物等の死骸、植物の残骸等が地中深く埋蔵されている中で、何億年という膨大な時間をかけ、化石化し一定の条件下で石油、石炭等に変化する、と考えられていることから、このように呼ばれる。
　　　化石燃料は、産業革命（18世紀後半以降、世界で初めてイギリスで始まった）に

105

より、最初は燃料に石炭を用いた蒸気機関を動力源として、工場制機械工業に移行が始まって以来、最も大量に消費されてきたエネルギー資源である。今日に於いても、化石燃料は身近に存在し、長年使い慣れてきた燃料として、エネルギー源全体の90％近くを占める。技術進歩の結果、今日では a. 石油（揮発油、ガソリン、灯油、航空機燃料、軽油、重油、生焚燃料）b. 石炭（火力燃料、コークス等製鉄還元剤）c. 天然ガス等本来は燃料として消費されてきた物質も、各種プラスチック原料にも用いられている。c. 天然ガスは嘗て蒸焼した石炭から得られていた燃料用ガスに代替する素材として専ら都市ガス事業等に使用されている。一方で、工業用・民生用と日常生活を営む上で不可欠な素材であるこれらの化石燃料は、確かに現時点に於いては工業需要にも十分応えられる資源量が賦存しているものの、減耗性資源であり、可採埋蔵量には必ず限界が来る。すなわち、地球上に賦存する化石燃料には限りがあるため、現状ペースで使い続ければ、a. 石油は＋約40年、b. 石炭は＋約160年、c. 天然ガスは＋約70年で蕩尽してしまう、と予測される。更に、化石燃料燃焼過程で発生する二酸化炭素等の累積は、地球温暖化の原因であることから、今後化石燃料に依らない代替エネルギー源としては注113で説明される自然エネルギー等の開発が進められている。

111) 公益社団法人日本気象学会 https://www.metsoc.jp/tenki/pdf/1993/1993_07_0470.pdf　　　　　　　　　　　　　　　　　　　　　　2020年9月15日閲覧
　　地球温暖化の原因であるガスは種々存在していることが知られている。a. 二酸化炭素 b. メタン c. 一酸化二窒素 d. フロン類等がそれであるが、a. 二酸化炭素は産業革命以降、概ね270年が経過してきた長い時間の中で、化石燃料使用増加と平仄を合わせて増加してきた地球環境阻害というマイナス要因の原因である大気中の二酸化炭素濃度増嵩という negative effect に最も寄与した排出ガスであることが計測されている。具体的に時系列ベースで調べた結果によると、大気中の二酸化炭素濃度は産業革命直前にあたる1750年には280ppm（大気中の二酸化炭素ガス含有濃度は0.028％）であったものが、263年後にあたる2013年は400ppm（同じく0.040％）を超えている等、46億年以上を関する悠久の地球歴史全体に比較すれば、瞬時にも達しない僅々300年内外の時間が経過する間に、何と40％以上も増加している計算になる。これは、地球温暖化現象が All Globe/ 全地球ベースで齎す気候変動を調査・研究している IPCC/ Intergovernmental Panel on Climate Change：国連気候変動に関する政府間パネル。によれば、標記結果が示唆するところは「大気中の二酸化炭素、メタン、一酸化二窒素が過去80万年の間で前例のない水準まで増加している。」ということになる。言うまでもなく、産業革命以降、化石燃料の使用が激増しており、その結果として、大気中に含有される二酸化炭素濃度増加状況を科学的に計測した事実を雄弁に物語っているものであるが、IPCC『第5次評価報告書』(2014) は更に「このまま二酸化炭素を主体とする地球温暖化ガス排出が抑制されなければ、計算した結果では2100年時点に於ける地球の平均気温は（温室効果ガス排出量が最も多い最悪のシナリオの場合）には、最大で＋4.8℃上昇する、と発表している。2020年、この時点での地球全体を均した平均気温は14℃前後であるが、仮定の話として、もしも大気中に水蒸気、二酸化炭素、メタン等の温室効果ガスがなければ、マイナス19℃程度―家庭用冷凍冷蔵庫 Frozen 設定温度はマイナス20℃一程度に下降すると試算されている。大気物理学の研究成果によると、彼我の温度の差異は、地球に遥か1億5,000万 km 離れた太陽から照射されて成層圏～大気圏

を経て地表に降り注いでいる光は、海洋・陸地からなる地表全体を温めており、地球温暖化という文脈に即せば、これらの地表から放射される熱を温室効果ガスが吸収して、大気を暖めていることになる。温室効果ガスなかりせば、放射熱は大気圏を素通りして宇宙空間に放出され、結果として球全体を均した平均気温はマイナス19℃程度にまで下降することになる。

　前述した通り、約270年前に開始された産業革命以降、工業を中心とする産業活動が指数関数的に活発になり、これもまた前述した a. 二酸化炭素 b. メタン c. 一酸化二窒素 d. フロン類等から構成されるこれらの"温室効果ガス"が尽きることもなく常時大気圏内に大量排出され、その濃度が高まり、宇宙に放散されるべき熱の吸収が増えた結果、地球全体を均した平均気温が顕著に上昇している現象。これが地球温暖化である。IPCC『第4次評価報告書』(2007)で明らかにされた温室効果ガス別・地球温暖化寄与度分析試算では二酸化炭素76.7%、メタン14.3%、一酸化二窒素7.9%、オゾン層破壊物質フロン類（CFCs, HCFCs）1.1%である（合計100%）。すなわち、我々20世紀後半以降21世紀前半に生きている世代が、それ以前の同じ物理的時間が経過して行っていた世代に属する人々と比較すれば、均してみて一層豊かな生活が享受できている理由として、第二次世界大戦終結の後に可能となった経済発展による果実を普く享受できていること等が開発経済学者の間では通説となっている。換言すれば、それは今日の産業構造に照らして大量生産・大量消費活動により齎（もたら）されてきた一連の business cycle 〈生産→販売→消費→廃棄〉を可能とする石油、石炭等の化石燃料燃焼等に由来して環境中に排出される最大の温暖化原因である二酸化炭素の大量排出がその前提となっていた。平均気温上昇傾向は緩和するどころか、大気中の二酸化炭素、メタン、一酸化二窒素は、南極等分厚い永久氷ボーリング調査により切り出された氷柱中に閉じ込められた空気を分析することで、過去80万年間をトレースした限り、前例がない水準にまで増加している。1880年～2012年で世界平均気温は＋0.85℃上昇しており、1901年～2000年の100年当たり＋0.6℃という昇傾向を凌駕していることは、21世紀入り後に上昇傾向が更に加速していることを示している。観測データが示しているところでは、直近30年の各10年間世界平均気温は、1850年以降観測された10年間毎に区切って得られる値よりも更に高温であることが示されている。2020年・今夏は異常気象が更に一層深刻化していることが実感される通り、世界平均気温が最も高かった年次で順位を述べれば、1位・2020年＞2位・2013年＞3位・1998年となっている（2020年は速報値）。この傾向が継続すれば、北極・南極はいざ知らず、大陸でも内部に残っている氷河、グリーンランド等島嶼でも万年氷雪が融解し、更に海水温上昇による熱膨張等によって引き起こされる海面上昇は、加速して2100年までに最大82cm上昇する、という予測さえある。もし、これが現実化すれば、1901年～2010年の間に上昇幅が19cmに達していたこととも相俟って、海抜数メートルしてないモルジブ等海洋都市国家等は国土が海没して領土が存在しなくなることさえ、懸念されている。

112)　前注111で詳述した。

113)　新エネルギーとは、風力、太陽光、地熱（バイナリー発電に限る）、中水力（1000kW以下）、バイオマスなど自然環境から得られ、再生可能なエネルギーのうち、その普及のために支援を必要とするものです。新エネルギーは国産エネルギーであること、二酸化炭素（CO_2）の排出量が少ないことから、エネルギー自給率の向上と地球温暖化問題対応に優れているという利点がありますが、投資額が高く、

風力、太陽光などは、自然条件に左右され出力が不安定であるほか、設置できる地点も限られているなどの欠点もあります。

　　電気事業連合会　https://www.fepc.or.jp/enterprise/hatsuden/new_energy/index.html　　　　　　　　　　　　　　　　　　　　　　　　　　　　2020年 9 月15日閲覧

114）　銀行として「DBJ（Development Bank of Japan：日本政策投資銀行の略称）グループは、ステークホルダーの皆様とのコミュニケーションを深めるため、2003年度に初めて『社会環境報告書』を発行しました。本統合報告書は、財務情報と非財務情報を通じ、DBJ グループの事業内容や持続的な価値創造に向けた取組みについて、広くステークホルダーの皆様にご説明することを目的として編集しています。なお、本統合報告書における記載内容については、経営会議において決定しています。」（　　）内は筆者追加

　　　　　　　　　　　　　　　　出所：『統合報告書 本編 2020』日本政策投資銀行　2020年 8 月

115）　あるプロジェクトの資金調達において、返済原資をその事業から生み出されるキャッシュフローのみに依存するファイナンス。担保は当該事業に関連する資産に限定し、プロジェクトを行う親会社の保証等は原則としていない。PFI においては、基本的に当該 PFI 事業のみを行う SPC が設立されること、収入は当該事業により生み出されるキャッシュフローに限られること等からプロジェクトファイナンスになじみやすい。　　　　　　　　　　　　　出所：『DBJ 金融用語集』日本政策投資銀行

116）　一旦投下された資本、あるいは新規 Fund を組成して金融・資本市場から遊資を吸収し、文字通り投資物件に再投下することで「“資本の運動”を促進する / Recycle ビジネス」という意味合いで使われる言葉。DBJ も、このように新しい金融ビジネスを振興するために、以下 URL で紹介されている独自金融スキームを複数展開している。

　　日本政策投資銀行　https://www.dbj.jp/sustainability/effort/resolution/climat/case.html

　　このほか、資産運用は機関投資家をはじめとした不動産投資ニーズのある顧客に対して、各顧客ニーズにあった不動産投資を支援するビジネスも今日では展開されている。

117）　資産管理業務のこと。以下 URL に詳細な内容説明がある。

　　日本政策投資銀行　https://www.dbj.jp/investigate/archive/report/area/newyork_s/pdf_all/88.pdf

参考文献

【洋書】

2の1

(Ed). Masahiko Aoki, Hyung-Kim "DEVELOPMENT STUDIES "Corporate Governance in Transtitonal Economies Insider Control and the Role of Banks" World Bank 1995

(Ed). Aoki and Patrik "The Japan Main Bank System" Oxford University Press 1994

Manfred Berger, Luitpold Uhlmann "Auslandsinvestionen kleinerundmittelere Unternehmen/ Eine Untersuchung ueber das Auslandsinvestionspotentialkleinerund mittelererUnternehmen" Duncker& Humbolt Berlin-Muenchen 1985

Horst Bockelmann "Die Deutsche Bundesbank" Fritz Knapp Verlag Frankfurt am Main 1996

Hrg. Hubert Bonin usw. "Europaeische Bankgeschichte " Fritz Knapp Verlag Frankfurt am Main 1993

Daniel W.Bromley, Jouni Paavola "Economics,Ethics, and Enviromental Policy" Blackwell 2002

Anthony Giddens "Europe in the Global Age" Polity Press 2007

Ulrich Goessl "Die Satzung der Europaeischen Aktiengesellschaft (SE) mit Sitz in Deutschland" Max-Plank-Institut fuer auslaendischen Privatrechtund internationalen Privatrecht 239 Mihr Siebeck Tuebingen 2010

Jack Hayward Anamd Menon "Govering Europe" Oxford University Press 2003

Waltehr Hadding und Klaus J.Hopt, Hrsg. "Verbraucherkreditrecht,AGB-Gesetz und Kreditwirtschaft Bankrechtstag 1990"

Wertpapier-Mitteilunen, Frankfurt am Main 1991

Hrg. Hans von der Groeben und Hans Moeller "Die Europaeische Union als Waehrungsunion? -Moeglichkeit und Grenzen einer Europaeische Union Nomos Verlaggesellschaft Baden-Baden 1979

"The Law of European Central Bank " Hart Publishing 2001

Dietmar K.R.Klein "Die Bnakensysteme der EG-Laender" Verlag Fritz Knapp Frankfurt am Main 1991

Dr.Friedrich Meisser "Das Recht der Europaeischen Wirtschaftsgemeinschaft im Verhaeltniszur Rheinschiffahrtsakte von Mannheim/ Ein Beitrag zur Voelkervertragsrechtlichen Bedeutung des Artikels 234 EWGW" Duncker& Humbolt Berlin-Muenchen 1973

Andrea Miccaci "A history of Political Economy of Capitalism" Routledge 2016

Hans Roeper, Wolfram Wimer "DIE D-MARK Eine deutsche Wirtschaftsgeschichte" SocietesVerlag Frankfurt, 1996

Richard A.Posner " The Economics of Justice" Harvard Univerisity Press, 1981

Arild Saether "Natural Law and the Origin of Political Economy" Routledge 2016

Joschen Taupitz "Europaeische Privatrechtsvereinheitlichung heute und morgen" J.C.B Mohr (Paul Siebeck) Tuebingen 1993

Herbert Wolf "Studienzur Entwicklung der deutschen Kreditwirtschaft, Band 1, 30 Jahre Nachkriegesentwicklung im deutschen Bankwesen " v.Hase& Koehlier Verlag Mainz 1980

Nobert Reich "Markt und Recht -Theorie und Praxis des Wirtschafttsrechts In der Bundesrepublik Deutschland" Hermann Luchterhand Verlag, Neuwied und Darmstadt 1977

Hanspeter K.Scheller "Die Europaische Zentralbank" Fritz Knapp Verlag Frankfurt am Main 2000

Arno Scherzberg, Il Dogan,Osman Can（Hg.）"Staatliche Finanzmarketregulierung und Eigetunusschtz" LIT Verlag, Berlin 2010

2の2

Athanasoulis, S., Shiller, R., and E. van Wincoop, "Macro Markets and Financial Security," Federal Reserve Bank of New York Economic Policy Review, April 1999

Campbell,J.Y., and L.M.Viceira,（2002）, Strategic Asset Allocation: Portfolio Choice for Long-Term Investors, Oxford University Press, 2002

Iwata,K., "Japan's Economy under Demographic Changes," Summary of a speech at the Australia -Japan Economic Outlook Conference in Sydney, December 2004

LaPorta R., Lopez-de-Silanes,F., Shleifer. A., and Vishny,R. W.,（1998）"Law and Finance," Journal of Political Economy, 106, pp.1113-1155

Levine, Ross（2002）, "Bank-Based or Market-Based Financial Systems :Which Is Better?," Journal of Financial Intermediation, 11, pp.398-428

【和書】

赤石雅弘ほか編著　『財務管理』　有斐閣　1993年

飯田裕康ほか編　『現代信用論の基本課題』　有斐閣　1994年

伊藤修　『日本型金融の歴史的構造』　東京大学出版会　1995年

伊東岱吉　『経済構造変動と中小企業』　中央経済社　1987年

生川栄治　『ドイツ金融史論』　有斐閣　1995年

楫西光速編　『現代日本資本主義大系Ⅱ　中小企業』　弘文堂　1957年

今井賢一・小宮隆太郎編　『日本の企業』　東京大学出版会　1989年

今井賢一・伊丹敬之・小池和男　『内部組織の経済学』　東洋経済新報社　1982年

ハインツ・ディーター・アスマン著　丸山秀平編訳　『ドイツ資本市場法の諸問題』　中央大学出版部　2001年

ディータ・H．ショイイング著　石川敏行監訳　『ヨーロッパ法への道』　中央大学出版部　2002年

植田浩史　『現代日本の中小企業』　岩波書店　2004年

同　　上　『戦時期日本の下請工業―中小企業と「下請＝協力工業政策」―』　ミネルヴァ書房　2004年

岡正生　『転換期の銀行経営』　有斐閣　1992年

川波洋一　『貨幣資本と現実資本―資本主義的信用の構造と動態』　有斐閣　1995年

川野克美　『金融自由化戦略の帰結―銀行のオーバーハングとハングオーバー』　有斐閣　1995年

現代企業研究会編　『日本の企業間関係―その理論と実態―』　中央経済社　1994年

経済政策研究会・金融政策研究会編著　『経済・金融　現代行政全集　⑪』　ぎょうせい　1984年

齊藤誠　『日本の「金融再生」戦略：新たなシステムの構築をどうするか』　中央経済社

2002年

酒井良清・鹿野嘉昭 『金融システム 改訂版』 有斐閣 2000年

佐藤 章 『ドキュメント 金融破綻』 岩波書店 1998年

三戸公 『「家」としての日本社会』 有斐閣 1994年

篠原三代平 『日本経済の成長と循環』 創文社 1961年

島田燁子 『日本人の職業倫理』 有斐閣 1990年

正田彬ほか編 『現代経済法講座』(全10巻) 三省堂 1990-1993年

下谷政弘 『日本の系列と企業グループ―その歴史と理論』 有斐閣 1993年

鈴木多加史 『日本の産業構造』 中央経済社 1995年

鈴木淑夫 『現代エコノミスト選集 日本経済の50年』 NTT出版 1994年

砂川伸幸 『財務政策と企業価値：エージェンシーモデルとシグナルモデルによる企業財
務の分析』 有斐閣 2000年

瀬岡誠 『近代住友の経営理念：企業者史的アプローチ』 有斐閣 1998年

高田創・柴崎健 『銀行の戦略転換：日本版市場型間接金融への道』 東洋経済新報社
2004年

田村茂編 『日本の金融システムと金融市場』 有斐閣 1991年

鶴田俊正 『戦後日本の産業政策』 日本経済新聞社 1982年

東京大学社会科学研究所編 『戦後改革7 経済改革』 東京大学出版会 1974年

東北大学経営学グループ 『ケースに学ぶ経営学』 有斐閣 1998年

内藤純一 『戦略的金融システムの創造』 中公叢書、中央公論社 2004年

中村隆英 『現代経済史』 岩波書店 1995年

能勢哲也 『現代財政学 補訂版 』 有斐閣 1998年

深浦厚之 『銀行組織の経済分析』 有斐閣 1995年

前川恭一・吉田敬一 『西ドイツの中小企業』 新評論 1980年

三井逸友 『EU欧州連合と中小企業政策』 白桃書房 1995年

三宅義夫 『金融論 新版』 有斐閣 1981年

宮俊一郎 『設備投資の採算判断』 有斐閣 1985年

武藤泰明 『ファンド資本主義とは何か』 東洋経済新報社 2005年

ロバート・J・シラー著 田村勝省訳『新しい金融秩序』 日本経済新聞社 2004年

和田勉 『事業再生ファンド：来るべく巨大リスクに備える』 ダイヤモンド社 2004年

渡辺利夫編・日本総合研究所調査部環太平洋研究センター著 『東アジア経済連携の時代』
東洋経済新報社 2004年

湯野勉 『金融リスク管理と銀行監督政策―金融システムの安定のために』 有斐閣 1996
年

渡辺尚ほか編著 『現代ヨーロッパ経営史』 有斐閣 1996年

以上

参考文献

https://www.dbj.jp/pdf/co/info/act_202009_01.pdf

株式会社日本政策投資銀行法

【著者略歴】

原田輝彦（はらだ　てるひこ）

1979年３月、九州大学法学部卒業。日本開発銀行（現．日本政策投資銀行）入行。
2007年４月、関西大学教授就任（政策創造学部／大学院ガバナンス研究科）、現在に至る。
＜学歴：神戸大学大学院国際協力研究科博士後期課程３年中退＞

戦後日本経済と政策金融
―日本政策投資銀行を事例にして―

2021年３月26日　発行

著　者　原　田　輝　彦

発行所　関 西 大 学 出 版 部
〒564-8680 大阪府吹田市山手町 3-3-35
TEL 06-6368-1121／FAX 06-6389-5162

印刷所　亜 細 亜 印 刷 株 式 会 社
〒380-0804　長野市三輪荒屋1154

ⓒ2021 Teruhiko HARADA　　　　　　Printed in Japan

ISBN 978-4-87354-735-0　C3030　落丁・乱丁はお取替えいたします。